中野瑠美
Rumi Nakano

PRISON LIFE

女子刑務所ライフ!

イースト・プレス

女子刑務所ライフ！

✤自己紹介

はじめまして
中野瑠美です
私は覚せい剤取締法違反で４回逮捕され
合計12年の懲役を受けました
なのでムショの知識は誰にも負けません！
なんでも聞いてください！
それって誇れるコトじゃないですよね？
てへっ
編集者

はじめに

みなさん、はじめまして。
中野瑠美《なかのるみ》と申します。

私は、覚せい剤取締法違反で過去に4回逮捕され、1回目は執行猶予でしたが、その後に合計で12年間の懲役を経験しました。

初めてムショに行ったのは2回目の逮捕のときで、当時23歳。「懲役4年6月」（裁判では「ロクゲツ」と読みます）の刑を受けて服役しました。それから出たり入ったりで、12年です。いちばん若くてきれいな時期をほとんど塀の中で過ごしました。

いま思えば、ずいぶんとバカなことをしたものですが、当時は覚醒剤に溺れ、何も考えられませんでした。若いころから夜の仕事をしていて、当時も2軒のラウンジを経営していたのですが、逮捕されたことでつぶしています。

覚醒剤に手を出した直接のきっかけは、失恋でした。ホンマに好きだった人から裏切られ、ショックで何もかもがイヤになりました。

どうにもならなくて、つい覚醒剤に手を出してしまいました。私の故郷である大阪は不良の街で、クスリも比較的手に入りやすいし、10代のころはふざけてシンナーにも手を出していましたから、好奇心もあって、それほど抵抗はありませんでした。

覚醒剤の快感というか「多幸感」は、言葉では言い表せません。すべての悲しみと不安が消え、いっぺんにラクになります。

テンションがめっちゃ上がって、ツラいことを全部忘れることができました。

当然ですが、昔の友だちは去っていき、悪い友だちが増えました。

でも、クスリで狂っているので、「刑務所なんて怖くないし、友だちもいるし……」と思うようになっていきました。

かなりしんどい思いもしましたが、それでも家族に支えられたことでムショから「生還」し、いまはひとりの女として、母として、またラウンジ経営者として、忙しくも楽しい毎日を送れています。

最後の懲役から戻ってしばらくしてから、刑務所や拘置所の差し入れ代行業の会社もスタートさせました。ネットで「中野瑠美」で検索していただくと、「HEART-COMPANY（ハート・カンパニー）」という名前がけっこう出てくると思います。これはその代行業をやっていたときの会社名です。

12年もいて、なんでもわかっていますから、ムショに行く人たちやご家族の力になれればと思ったのです。

現在は差し入れが親族でないと難しいことや、ラウンジ経営が忙しくなったこともあってお休みしているのですが、この会社がＮＨＫなどのメディアから注目されたことも励みになりました。

見ず知らずの「ムショ帰り」の私を信じて話を聞いていただき、めっちゃ感激しました。この人たちを裏切ったらアカンなと思いましたね。

そうしていたら、テレビや雑誌から声をかけていただく機会が増え、さらにはネットメディア「サイゾーウーマン」の連載までさせていただいています。

今回、連載を本にしていただけるなんて、本当に幸せです。

サイゾーウーマン編集者の岩城東風子さんと、(株)イースト・プレスの佐野千恵美さん、おもろいイラストを描いてくださったぷちめいさんには心から感謝しています。

懲役の生活には、きれいごとはありませんし、反省していない人が大半です。

でも、それでもみんな生きています。

この本では、そういう人生もあることを書きました。

犯罪に縁のない方でも、更生について考えていただく機会になれば、うれしいです。

なお、細かい規則など「ムショの掟《おきて》」は施設ごとに違っていることも多いです。

この本では、私が体験したことを中心に書いています。

また、文中には敬称を略している箇所もあります。

瑠美ごときに呼び捨てにされる有名人さんはさぞかし心外かと思いますが、お許しくださいませ。

中野瑠美

PRISON
LIFE

目次 CONTENTS

はじめに………3

第1章

「刑務所」ってどんなところ?

第2章

ムショの1日

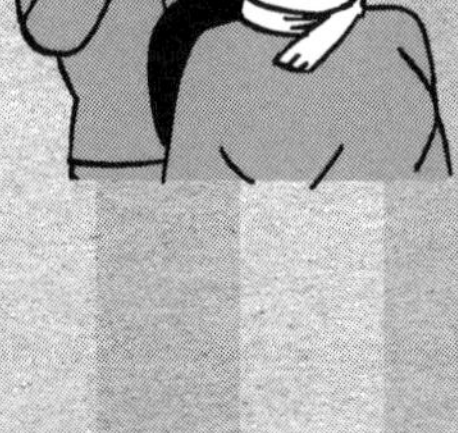

第3章

懲りない女たちの修羅場

第4章

覚醒剤にまつわるエトセトラ

第5章 それでも懲りない女たち

第6章

私が刑務所に行くまで

第1章

PRISON LIFE

「刑務所」ってどんなところ？

留置場、拘置所、刑務所の違いは？

みなさんは「塀の中」っちゅうと、どんなイメージを持たれますか？

じつは「塀の中」にも、いろいろあるのです。

犯罪と無縁の生活をされていたら「留置場」「拘置所」「刑務所」の違いもわからへんですよね。

わからないままのほうがええですが、うんとざっくり言うと、

- 起訴される前は留置場
- 起訴されたら拘置所
- 刑が確定したら刑務所に収容

という感じです。

［図1］

留置場、拘置所、刑務所の違い

❶
留置場

逮捕後すぐに入る。
設備は整っていないが、比較的自由。

送検・起訴

❷
拘置所

設備も整っていて、お金があればお弁当やお菓子も食べられる。
平日は手紙と面会が1日1回ずつ許される。

判決確定

❸
刑務所

とにかく不自由で、
お金があってもお弁当やお菓子は食べられない。
懲役囚は刑務作業を行い、細かい規則に従って過ごす。

読者のみなさんが逮捕されないようにお祈りしていますが、逮捕から起訴、ムショまでの流れをざっと書いてみますね。

覚醒剤や傷害などの「刑事事件」で逮捕されると、警察署の留置場に留置されて取り調べを受けます。

逮捕には、普通の令状のいる「通常逮捕」（テレビドラマでもありますね）と、現行犯を捕まえる「現行犯逮捕」、令状は後回しで、とりあえず「いま、罪を犯している人を捕まえておこう」という主旨の「緊急逮捕」があります。

現行犯逮捕は、警察・検察以外でもできます。つまりワタクシでも痴漢とかは逮捕できるんですよ。

ちなみに大きな脱税事件とかで、「東京地検特捜部」など検察に逮捕されるニュース、ありますよね。これやと留置場には行かずに最初から拘置所行きとなります。

もともとは警察にも検察にも逮捕権はありますが、検察は人数が少ないので、普通は逮捕しないそうです。では、どういう場合に検察が逮捕するのかは、「明確な規定」はないそうですよ。けっこうテキトーなんですね。

そもそも、獄中自体がけっこうテキトーな感じなんですよ。

明治からずっと、それぞれの施設が広さも設備もバラバラだったので、細かい取り扱いは、「所長判断」で決めていたそうです。だいたいのところを「監獄法」で決めておいて、あとは「現場の判断」というのがずっと続いてました。

この「監獄法」の名前も、2005年までは「現役」やったんですよ。いろいろあって2006年に「刑事収容施設及び被収容者等の処遇に関する法律」が施行されました。でも、同じ施設であっても、署長や所長が代わると、規則が変えられたりもするんですよ。たとえば施設の門の外まで受刑者に掃除をさせるとかは、所長の判断です。受刑者を外に出すんですから、脱走とかご近所さんとのトラブルとかの心配もあって面倒くさいやないですか。でも、トラブルなくきちんと掃除すればご近所さんも喜ぶんで、どっちにするかは所長が決めるようになっているんですね。

私が務めてたころも、出所間近の受刑者などは外まで掃除してましたよ。

裁判はどこまでがんばるか

話がそれましたが、検察が起訴を決めると拘置所に移送され、裁判を受けることになります。

裁判は、ご存じのように3回イケます。簡易裁判所からスタートすることもありますが、普通は地裁、高裁、最高裁の順ですね。刑が確定すると、刑務所に収容されます。

この裁判をどこまでやるか、というのも微妙なところです。いわゆる「上訴」（上級裁判所に申し立てる）ですね。

一審で諦めてアカオチするか、控訴して高裁、さらに上告して最高裁まで戦うか、っちゅうことですね。

「アカオチ」とは、刑が確定してムショに収容されることです。昔の囚人は赤い着物を着せられたそうで、刑務所に落ちることを「赤落ち」と言ったのです。ちなみに死んだら「白い着物」です。昔のヤクザはつねに「次は赤い着物か、白い着物か」と考えていたそうですよ。

上訴には、未決勾留日数の問題があります。

裁判で判決が確定していない状態のことを「未決」、確定していることを「既決」と言います。未決勾留日数というのは、裁判で判決が確定していない状態で拘置所に勾留されている日数のことです。一審で判決が確定すれば、未決勾留日数は短くなりますし、三審

［図2］

未決勾留日数

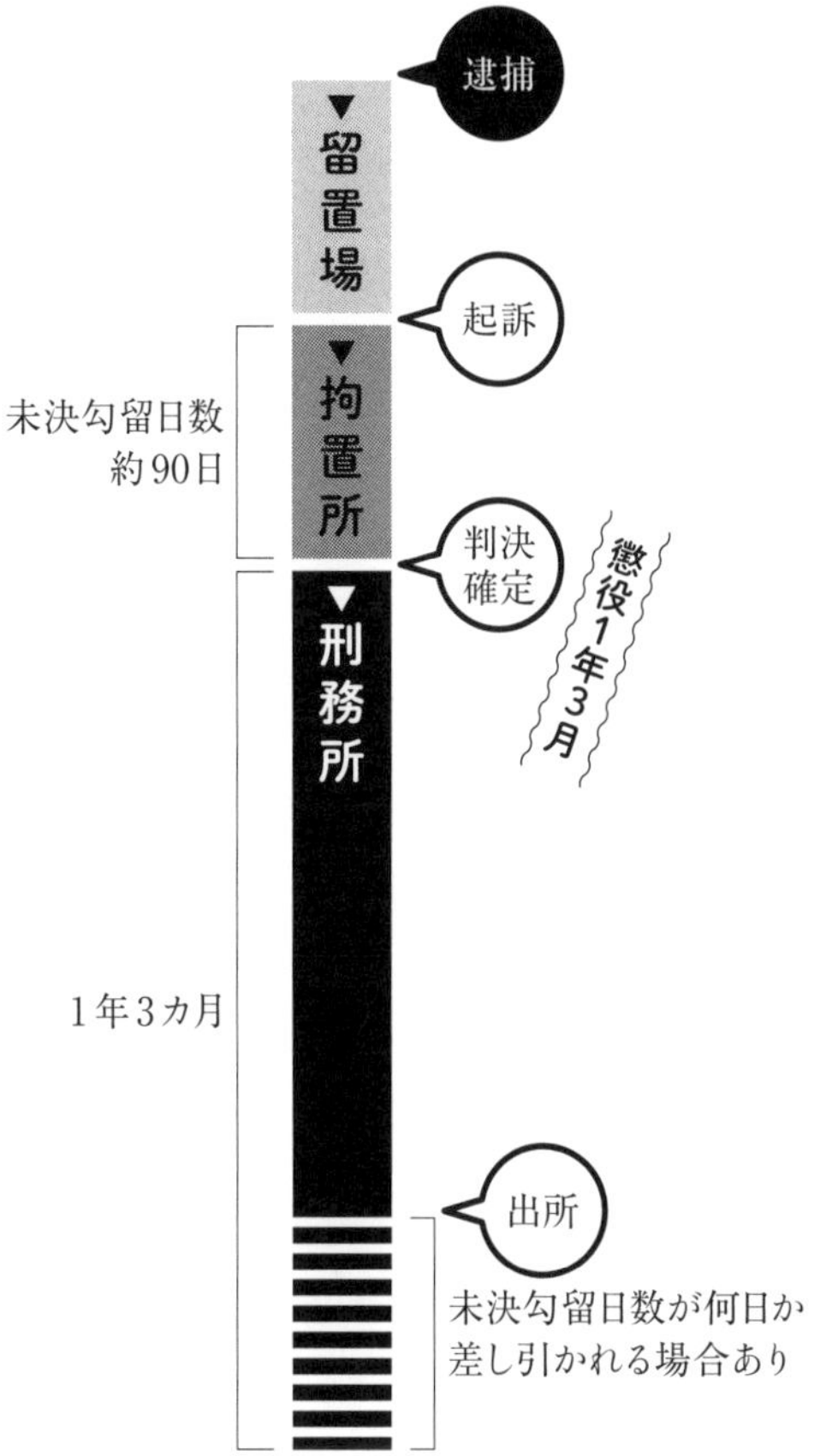

＊解説のための仮の日数です。

まで粘れば長くなります。

裁判官によっては、実刑の日数（「懲役○年」とかですね）から、裁判をしていた期間（未決勾留日数）を何日か引いてくれることがあります。つまり、実際に刑務所に入って服役する期間が少し短くなるんですね。

ムショより拘置所のほうが自由なので、懲役の日数から未決勾留日数をたくさん引いてくれるなら、裁判を長引かせたいところです。

が、まったく引いてくれない裁判官もいてます。私もやられました。おまけに裁判費用も自腹になりました。なので、「一審でさっさとアカオチしたほうがええ」という判断もあります。


最高裁まで戦うのは、メンツの問題もあります。さっさとアカオチすれば早く出られるのに、「こんな判決はナットクできひん」と、がんばるんですね。

でも最近は、一審で懲役10年の刑を受けて、「ワシは無罪や！」と最高裁まで争って負けて、結局は懲役年数から未決勾留日数も引いてもらえず、全部合わせたら結局13年くらい獄中に……なんてこともあります。

そういうわけで、いまはとくに厳罰化が進んでいるので、上訴するかどうかは微妙なのです。

けっこうゆるい？ 留置場と拘置所

未決の生活は、既決と比べるとかなり自由です。刑が確定するまでは、「無罪」と推定されているからやそうです。

逮捕《パク》られたら、まずは留置場へ入れられます。取り調べを受けて、起訴するかどうか決められるのです。留置場は長くいることを前提にしていないせいか、全体的に設備がよくないです。

施設によっても違いますが、朝ごはんが牛乳とコッペパンだけ……というのも普通でした。いまはだいぶ改善されたようですが、代わりに禁煙になりましたね。留置場だけがタバコOKやったのに。まぁ、自由にタバコを吸いたければ、逮捕《パク》られなきゃいいんですけどね（笑）。

もちろん私服で過ごせて、取り調べのない日は官本などを読んでダラダラ過ごせます。

「官本」とは施設側が用意する備えつけの本のことで、獄中《なか》では「官」という言葉をよく使います。

また、お金を持っていれば出前を取ることもできます。

取り調べを受けて、検察の判断で起訴が決まると、留置場から拘置所に移送されます。拘置所では私服で過ごせて、食事もまあまあですし、拘置所内や外にある差し入れ屋さんでお菓子やお弁当、雑誌なども買えます。親分クラスの方には「高級な座布団」や「お布団セット」もあります。めずらしいところでは、房に飾る切り花も買えるんですよ。ごっつい親分やガラの悪いヤンキーくんがお花でなごんでいるのは、なかなかええですね。

また、面会と手紙は毎日1回ずつOKで、会う相手や出す相手も制限されません。手紙はもちろん手書きですが、シャバにいる人や同じ施設内で生活している人にも自由に送ることができます。便箋とかは決まったものしか買えませんけどね。キティちゃんやリラックマなどキャラクターものはあきません。

内容はよっぽどでなければチェックされませんし、それがご縁で獄中結婚するカップルもいてます。

あとは、厳しい刑務官がいる程度で、ほぼ思いままの生活が可能です。刑務作業もありませんし、一日中同じ部屋の人と大笑いしながら話もできますから、「いじめ」とかにあっていないかぎり、楽しく過ごせる場所です。

とはいえテレビも電子レンジも冷蔵庫もなく、もちろん携帯電話も使えません。お昼などにNHKのラジオが聞こえてくるくらいです。

それに、服装は原則自由とはいえ制限があります。お化粧はもちろんダメですし、自殺防止対策としてパーカーやスウェットパンツのヒモは外さないとダメとか、女性のショーツはレースつきやTバックなど華美なものはダメ、などですね。ラインストーンや大きなボタンがついているものや、短すぎる短パンなども不許可になっています。

拘置所にもいる「チョーエキ」

刑が確定すると、「既決囚」となって刑務所に収容されます。

「既決囚」のことをムショ内では「チョーエキ（懲役）」と言いますが、これは常識ではないんですね。いわゆる「ムショ用語」ってやつです。編集者さんから『『チョーエキ』

って、『受刑者』という意味もあるのですか?」と聞かれて、初めて気づきました(笑)。

たしかに本来「懲役」という言葉は、「刑事施設に拘置して所定の作業を行わせる」(刑法第12条の2)という意味なんですよね。「ヒト」やなくて、「作業をさせること」を指します。

そして、この「所定の作業」にもいろいろあります。獄中《なか》での作業といえば、工場で何かを作るイメージがあると思いますが、施設内の掃除や炊事、洗濯、庭の手入れ、高齢や障害のある受刑者の世話なども「所定の作業」です。受刑者に差し入れられた本の整理などもします。

拘置所内でも掃除や料理をする人は必要なのですが、さっきも書いたように、拘置所にいる人は、刑務作業をしなくてもよいのです。なので、ムショではなく拘置所に収容されて拘置所内の掃除や料理をするチョーエキもいてます。

ちなみに懲役と似ている「禁錮」刑は、こういう所定の作業をしないで、ずっと房にいる刑ですが、私は禁錮刑の受刑者を見たことがありません。工場にも来ませんから。

どんな作業をするのかは「審査」で決まる

判決が確定してもすぐに刑務所に行くことはないです。14日間の上訴期間（このあいだに上訴するかどうか決められます。14日を過ぎると刑が確定します）ののち、どこの施設に行くのかが決まります。

法的には拘置所にいても「既決囚」なので、確定の日から私服は許されず、懲役刑の場合は「所定の作業」をすることになります。拘置所には大きな工場はないので、だいたい封筒作りや、デパートなどで使われる紙袋の取っ手つけなどの作業をします。

そして、収容先の刑務所が決まると移送されます。逮捕された場所によって、どこの施設になるか決まる場合が多いので、住んでる場所から遠く離れた刑務所に飛ばされることもあります。私もそうでした。

飛行機や列車での移動は、ちょっとだけ旅行気分です。ほかのお客様には見られないようになっているのですが、キホン「手錠に腰縄」なので、恥ずかしいといえば恥ずかしいですね。

知り合いの不良は、移送の際に生まれて初めて飛行機に乗り、「スッチー（いまで言う客室乗務員さん）のお尻ばかり見てた」そうです。

ちなみに、いわゆる「護送車」は中から開けられない仕様のワンボックスカーやミニバスですが、めっちゃごついというものではありません。

刑務所に着くと、手荷物の検査を受け、私服や腕時計、財布などはすべて預けさせられます（「領置」と言います）。持ち込んでいいのは、メガネや無地の下着など少しだけ。再審の準備をしている人は裁判資料なども持ち込んでいます。

いまはもうやっていないそうですが、男子刑務所の身体検査では、有名な「カンカン踊り」というものがありました。全裸になってアッカンベーをして、まぶたの下と舌を見せ、手のひらを広げます。なんか踊ってるように見えるからこんなネーミングなんでしょうが、つまりこれは「何も隠し持ってない」ということを証明するしぐさなんです。

以前は四つん這《ば》いにさせられて肛門に何かを入れていないかどうかを確認するのにガラス棒を入れられていましたが、もう20年くらい前に廃止されているそうです。まあ衛生的やないですしね。いまは全裸ではなくパンツ着用で、アッカンベーと手を広げるのはあるようです。

男子ほどではないですが、女子の検査もけっこう屈辱的です。全裸で四つん這いになって20秒くらいそのまま。膣や肛門、耳の穴まで何かを入れてないかを見られます。まあ入れようと思えば入れられるんですが、どうなんですかねえ。

身体検査や手荷物検査が終わるといよいよ入所となりますが、新入りは2週間ほど「分類生活」といって、さまざまなテストを受けたり、刑務所内のルールを教えられたりしながら過ごします。工場も「新入り工場」といって新入りしかいない工場で働きます。それが過ぎると、「分類審査会」という刑務官による裁判のようなものを受けて、どの工場にいくのかが決まります。2週間のあいだに、どんな性格か、どんなことが得意かなど適性を見られている感じですね。まあ新入社員の研修みたいなもんです。

トイレに行くのにも「許可」が必要

さて、ムショは何をするにも「不自由」です。

とにかく規則づくめで、勝手な行動をしたら、すぐに「調査&懲罰の対象」になります。懲罰を受けると独居房に入れられます。独居房では誰とも話せず、運動会などの所内の行事にも出られません。

そして、1日のうち8時間はチョーエキの仕事である「刑務作業」です。作業中はおしゃべりもできませんし、トイレに行くにも許可がいります。

懲役生活がスタートした時点では、手紙と面会は月に4回程度になります（いわゆる模範囚はもう少し多いです）。手紙を出す相手も、その人との関係をトコトン聞かれたうえで「許可」か「不許可」が決まります。面会も、許可された人としかできません。外部との通信ができないと、情報交換もできなくなって、どんどん「浦島太郎」となっていくわけです。

食事も出されたものだけしか食べられず、いくらお金があってもお弁当やお菓子は自由に買えません。これは厳しいです。

さらに、下着や文房具などの生活用品が買えるのも月に1回だけです。メガネも差し入れ屋から買えますが、質がよくないうえに高いので、所内で処方箋だけ作ってもらって、シャバのメガネ屋さんで買って差し入れてもらったほうがオトクです。ホンマにメガネはぼったくりですよ。18万円のものを購入されていた方もいてましたよ。

また、最近は差し入れの本にもうるさくなりました。1回の差し入れで3冊までと決まっていて、自殺や脱獄に関するものはもちろん、実話誌など「暴力団」や「犯罪」を美化していると判断されたものは不許可になります。私がいたころは実話誌はOKだったんですけどね。男性はそのテの雑誌が大好きなのに、残念です。でもエロはOKで、ヘアヌード写真集も大丈夫です。ほかには旅のガイドやタウン情報誌も人気がありますね。シャバを思い出すからですね。そのほか女子にはお菓子や料理の本も人気でした。

女子刑務所と男子刑務所にも違いが

このようにムショの生活は厳しいのですが、女子刑務所に比べると男子刑務所はもっともっと厳しく、違いもけっこうあります。

まず女子刑務所と男子刑務所との大きな違いは、人数ですね。

たとえば平成29年度版の『犯罪白書』によると、平成28年の国内の男子の既決囚が約5万人なのに対して、女子の既決囚は約5000人と、10分の1くらいだそうです。

だから、女子刑務所の数は少なく、人殺しから万引き常習者までみんな一緒です。やはり多い罪名は「覚せい剤」関連です。自分で使ったり、密売《バイ》やバイ目的の所持ですね。

男子は犯罪傾向が進んでいるかどうか、長期刑かどうかなどで施設が分けられていて、無期懲役の殺人犯とションベン刑（短期間の懲役）のコソ泥が一緒になることは少ないはずです。

刑が確定すると、私服ではなく舎房着（いわゆる囚人服でスウェットやジャージなど）を着せられるのは同じですが、男子は丸刈りにされます。女子の髪形は比較的自由で、短いと寝グセをピンでとめたりしなくてはならず、逆に大変なので、みんなロングで〝おだんごヘアー〟にしてひとつにまとめていました。

獄中の楽しみ

そもそも刑務所って、なんのためにあるんでしょうか。

私は獄中《なか》にいてるとき、けっこう考えていました。私を含めて誰も反省なんかしてないし、反省できる雰囲気ではありませんでした。

じつは、刑務所は「悪者を閉じ込めて懲らしめるため」のものではないんですよ。

もちろん実際はそうなんですけども、法律では、「改善更生の意欲の喚起」と「社会生活に適応する能力の育成」が処遇の原則とされています（刑事収容施設及び被収容者等の処

✤犯罪者のるつぼ

男子既決囚
約5万人に対し
50,000人
女子既決囚
約5000人
5,000人
そのため
万引きなど
殺人など
罪の重さで
施設が分かれる
男子と違い
女子は
みんな一緒…
新入り
です！
無期懲役
くらい
ました！
やべぇヤツ
キタ…
25

遇に関する法律第30条)。

難しいですけど、要するに、ムショとは「罪を反省してやり直すことと、そのための能力を育てる」のがタテマエなんですね。だから、最近は美容師やネイリストとかの職業訓練もあるんです。

とはいえ私ら元チョーエキのホンネは、「あんな環境で反省なんかできるわけねえ〜!」ですね。

まあそれでも厳しい環境にいると、ふと、我に返ります。

「ああなんで、こんなところにいてるのかな。このままじゃアカンなあ」

なんてことを思うわけです。

まず、塀の中に入ると、周囲の「危険物」がぐっと減りますしね。覚醒剤などの違法薬物はもちろん、酒やタバコなども。それから、クスリの売人やヤクザ、暴力を振るう夫や恋人とも縁が切れます。

そして、その代わりに待っているのが、分刻みの規則正しい生活(といじめ)です。

最初は慣れるだけで大変ですが、寂しくても、ツラくても、ここにいるしかないとわかってきます。

これを悟るとまたツラいんですけどね。

外の世界との連絡は、手紙と面会だけです。


チョーエキには「第1類」から「第5類」までの「ランク」があって、問題を起こさなければランクを上げてもらえます。

たとえば最高ランクである「第1類」のチョーエキの面会は「毎月7回以上で施設が定める回数」、手紙を書けるのは「毎月10通以上で施設が定める回数」となってますが、そんな人は見たことないですね。無期懲役の人が1人か2人くらい第1類にいたかもですが、多くても月5回、8通程度だったと思います。電話も出所が決まったら数回かけられる、という感じです。

ちなみに外から手紙をもらうだけであれば、誰からでも何通でも大丈夫なんで、チョーエキの友だちがいてる人は、なるべく手紙を書いてあげてください。私は手書きではなく、携帯で書いたメールを印刷して、それを送っています。

24時間いつでも電話やメールを使える生活から、逮捕と同時に「月に何回かの手書きの手紙」しかダメになるんですから、めっちゃ不便で寂しいです。

そもそもシャバでは字を書くことなんかほとんどないので、まず漢字が思い出せません。獄中《なか》では国語辞典が宝物になりました。文章もうまくまとまらず、それでも一所懸命に便箋に向かっていました。

そして、書いた内容は刑務官から細かくチェックされます。犯罪や脱走の連絡をしていないかとか、トラブルの元になりそうなことは書いていないか、とかですね。

昔は、食事に出たミカンの汁をしぼって、読まれてはまずいことを書いていたチョーエキが本当にいてました。「あぶり出し」にして読むんですよ。いまもやってはる人はいてるんでしょうか。私はやってませんよ、念のため。

私の場合は、便箋にイラストをたくさん描きました。

私が獄中《なか》にいたころは、まだ子どもたちが小さかったので、好きなキャラクターのぬりえを買って便箋に写して、色鉛筆できれいに色をぬったりしていました。

「よくこのキャラクターの絵本やビデオを見てたなあ」って子どもたちのことを思い出しながら、土曜日と日曜日はイラストを描くのに没頭していましたね。

せっかくの誕生日や入学式・卒業式やのに何もしてあげられない、何も買ってあげられない。申し訳なくて、一所懸命だったんです。

［図3］

受刑者のランク（優遇区分）

	面会	手紙
第1類	**毎月7回以上** で施設が定める回数	**毎月10通以上** で施設が定める回数
第2類	**毎月5回以上** で施設が定める回数	**毎月7通以上** で施設が定める回数
第3類	**毎月3回以上** で施設が定める回数	**毎月5通以上** で施設が定める回数
第4類	**毎月2回以上** で施設が定める回数	**毎月5通以上** で施設が定める回数
第5類	**毎月2回以上** で施設が定める回数	**毎月4通以上** で施設が定める回数

こういう女性はけっこういてましたね。刑務所に行くまでシャブをやめられなかったことがいちばん悪いのはわかってるけど、やっぱり母親なんですよ、私もムショのみんなも。書くのはひと苦労でも、返事が来ると本当にうれしかったです。みんな待っていましたし、いつもは怖い姐さんが鼻をすすりながら子どもからの手紙を読んでいるなんていうのもしょっちゅうでした。

一方で、全然手紙が来ないチョーエキは、とても気の毒でした。ムショに行くようなことになると、家族や友だちから見放されることも多いし、そもそもシャバの人たちはいまどき手紙なんか書きませんもんね……。メールやＬＩＮＥでＯＫなんですから。ムショなので、書く内容にも気を遣いますしね。

私に手紙を書いてくれたのは当時の彼氏だけでしたけど、本当に本当に楽しみでした。

「待ってるから……」

そのただ一言で、イヤなことも何もかもふっ飛びましたね。

手をつなげないからか？　ふれられないからなのか……？　彼氏はいつも便箋に手のひらをつけてボールペンでかたどってくれました。その手形に私も自分の手のひらを合わせて、「早く会いたいな……。がんばろう」とよく思ったものです。

✤手紙の効用

囚人たちの生きがい…
それは手紙
瑠美へ
元気か?
こっちは元気にやってる。
最近は寒くなってるから
体調には気をつけろよ。
瑠美がいなくなって
ずいぶん淋しくなった
家族や恋人からの応援は
彼女たちに明日への希望を与える
彼氏から「ずっと愛してる」なんて…
うれしいなぁ…頑張って早く出所しなくちゃ
165
私は「もう別れて」と言われました…
逆もまた然り…

紙なので温もりはないけれど「ここに彼氏が手のひらを置いていた」という事実があるから、時間差で同じ場所に手を当てているだけで勇気が出ましたね。

我ながらセンチメンタルでした。のろけちゃってごめんなさい。

ちなみにムショで使用が許可されている便箋と封筒はめちゃくちゃ地味なので、シャバから送られてくるキャラクターの便箋やきれいな記念切手も楽しみでした。

食べ物で一喜一憂

手紙よりも何よりも、食べることが獄中《なか》のいちばんの楽しみです。

獄中《なか》でいちばん人気がある印刷物は、「食事のメニュー表」でした。学校給食の献立表ってありましたやん。あんなやつです。

それをみんなで毎日毎日、穴が開くほど眺めて「やったあ、明日はついにコッペパンだ!」とか騒いでいるんです。いいトシして何をやっとるんかいな? といまは思いますが、当時は真剣でした。

ムショは基本的に3食とも米食です。米といっても、白米が6割、麦が4割の「バクシャリ」が出ます。「バク」とは麦、「シャリ」は白米のことで、つまり麦飯ですね。ぶっちゃけおいしくないですが、慣れるとヘルシーでおいしいです。いまは麦のほうが値段が高いそうですから、じつは刑務所のバクシャリはチョーエキを健康にするためのプレゼントなのかもしれません。

食事は、刑務作業の内容によってA、B、Cのランクがあります。

おかずは同じなのですが、ごはんの量が違います。立ち仕事など体力を使う作業は「A食」、工場などでの座り仕事は「B食」、病気や懲罰などで作業をしていないと「C食」となります。

献立は法務省の技官の立場の栄養士さんが決めますが、男子刑務所ではA食でも成年男子の最低限必要なカロリーしか摂れないそうで、みんなどんどん痩せていくと聞いていますが、女子はむしろごはんを多く残してしまうんですね。

あと単純に太りたくないコが多いのもあります。たまにしか出ないパンは残さないのに、ごはんは残すんです。

食べ物をほかのチョーエキにあげたら懲罰ですが、残すのは叱られることがあっても懲罰まではいきません。それでも進級や仮釈放に影響があるので、ふだんはコッソリ捨てたりトイレに流したりしています。それで、出所が近くなったら堂々と残します。先生（刑務官のことをこう呼びます）に叱られてもシカトですね。

でも、ごはんを残すと、便秘薬がもらえなくなります。「便秘するのはちゃんとごはんを食べないから」という理由です。

私は、よくこの便秘薬をコッソリためて、ほかのコが持っている眠剤と交換してもらったりしていました。処方してもらえる薬も、医務の判断で人によってバラバラで、私は処方してもらえなかった精神安定剤をほかのコからもらっていたのです。

ちなみに、ごはんに飽きると「胃が痛い」とか「歯が痛い」とか言って、おかゆにしてもらっていました。真冬のおかゆはアツアツで最高でしたね。パン食の日や集会でお菓子をもらう日に合わせて胃や歯の痛みはなくなっていました（笑）。

朝食は、どんぶりごはんとみそ汁、つくだ煮、ふりかけなどの簡単なおかずです。以前は、朝にはヤクルトやヨーグルトがついてきましたが、禁止されている「食べ物のやりとり」違反（「不正授受」と言います）が多いので、いまはなくなったらしいです。これは寂しいですね。

昼食は、どんぶりごはんにメインのおかずと副菜が2種類くらいつきます。

夕食も同じような感じですが、レトルトのカレーやシチューが出ることもあります。

また、施設によって違うと思いますが、月に何回かパン食の日があって、ジャムやピーナッツクリームなどがついているので、これも楽しみでした。

たまに調理関係の仕事をしていたチョーエキがいることはあっても、原則は刑務作業としてチョーエキが作りますから、お味はそれなりです。

この「臭い飯」こと「ムショ飯《めし》」については、最近は刑務所や拘置所によっては工夫をしていることも多く、メディアでも紹介されていますよね。

たとえば、網走《あばしり》刑務所の懲役が育てている「網走監獄和牛」は「A5」クラス（日本食肉格付協会の最高ランクですよ！）の評価がつくものもあるそうですし、大阪刑務所や府中《ふちゅう》刑務所のコッペパンも有名です。岐阜刑務所の「みそ煮込みうどん」もおいしいそうですよ。

とにかくお菓子が食べたい！

シャバでは甘いものを食べない男子も、ムショではなぜかおしるこなどをおいしいと思うそうです。ものすごく規制された世界だからでしょうね。

お菓子は行事のときにしかもらえないので、行事のときに懲罰を受けて独居房に入れられていたら、もらえません。そのときの悲しさや悔しさは、いまでも覚えてるくらいです。

じつは、私もシャバにいたころは甘いものがとくに好きだったわけではなく、むしろあんパンなどは苦手でした。でも、獄中《なか》で食べて「なんておいしいんだろう」と、大好きになりました。いまも好きです。あとはコンビニのレジ前でよく売られているような「黒糖まんじゅう」もおいしいですね。ムショのギスギスした生活で、体が糖分を求めるようになったみたいです。

獄中《なか》にいるあいだは、とにかく甘いもののことばかり考え、「シャバに出たら、まずフカフカのパンケーキに生クリームをてんこ盛りにしたのを食べたい！　チョコレートの海で泳ぎたい!!」とずっと思っていました。

ムショで配られるお菓子は普通にスーパーで売られているようなもので、「コアラのマーチ」や「チップスター」みたいな箱入りのお菓子のほか、ロールケーキのような焼き菓子、かりんとうのような袋菓子も出ます。以前はお菓子がたくさんつまった大袋が配られていたのですが、最近は経費の問題からか、かなりセコくなっていると聞いています。

ふだん何気なく食べている「きのこの山」や「アルフォート」がどんだけおいしいか、シャバにいたらわかりませんよ。夢にまで見ちゃいますからね。いっぺん入ってみてください（笑）。

でも、もらったところでゆっくり食べられるとはかぎりません。集会などで配られる場合は、房内に持ち帰れず、その場で食べなあかんので、みんなとにかく急いですべて口に入れていました。おせんべいやかりんとうなんかは口の中がマジで切れますよ。

本当にシャバでは考えられないことばかりでした。せめてたまのお菓子くらいはちゃんと食べさせてあげてほしいです。

外界との接触や楽しみを極端に制限することで、チョーエキを抑えつけ、反省させようということなんでしょうが、ムリな気もしますね。エリートが力で抑えつけて「反省しろ」って言っても、チョーエキには伝わりません。むしろ反発しかないと思います。

そんなですから、トラブルを起こさずにおとなしくしているチョーエキはお菓子や面会が目当てなだけで、反省なんかほとんどしてませんよ。

もし見つかっても、「違反が見つかったこと」は反省して、「次はうまくやる」と考えます。とにかく懲りませんね。

ちなみに私はお年寄りのチョーエキにおかずを分けてあげたりして、しょっちゅう懲罰を受けていました。すぐ食べればいいのに、おばあさんは動きが遅いのでバレてまうんですよ。

おばあさんも喜ぶし、悪いこととは思っていないのですが、「規則違反は規則違反」。ムショではとにかく「アカンもんはアカン」のです。

カフェ・ド・ムショにようこそ

チョーエキは、ホンマにロクなことを考えません。

いじめはするし、ペンでアイラインを引いたり、オナニーに使えそうなネタを探したり……。

でも、味気ない食事を少しでもおいしくする方法をみんなで考えるのは楽しかったです。和歌山刑務所で出るパンは、空気を多く含んでいるのか、やたらに空洞が目立っていました。それをお箸で細かくちぎって、お皿にきれいに並べたりしていました。別に意味はないんですけど、「カフェっぽい！」とかみんなで盛り上がっていました。

あとは、コッペパンの皮をはがしてちぎって、サラダのトッピングにしてみたり。「今日は『サラダバー』やで」って、別に「バー」でもなんでもないのですが。

たまに出るコーヒーについているストローでぜんざいの汁気を取って、「おしるこ」と「あんこ」を別々に楽しむこともありました。コロッケの衣を外して中にあんこを入れて「揚げパン」風にしたり、さらにマーガリンを中にぬったり。

あとは、練り歯磨きの「ガム」をなめてから房内の備えつけのお茶を飲んで、「ミントティー」とか言ってはしゃいでいました。

極めつけは坐薬《ざやく》ですね。痔《ぢ》の薬はなぜかコーヒーの香りがするんです。なかなか薬をくれない刑務官でも、なぜか「お尻が痛い」と言うとすぐに坐薬をくれたので、使う前にまずは匂いを嗅いでお茶を飲み、「コーヒーやん」と言っていました。

いま思えば、相当ヘンですね。

ちなみにコーヒーは、缶入りを年に数回飲む程度なので、たまに飲むと興奮してしまい、朝まで眠れないこともありました。

それから、食べ物ではないですが、もうひとつのヘンな工夫に、「タンポンの自作」もありました。なぜかタンポンは禁止で、ナプキンしかないんですよ。だからナプキンを解体して巻き直してタンポンを作っていました。布団に漏れると、あとが大変なんですよ(笑)。

また、お金がある人は普通のナプキンを買えますが、官から支給されるものは「こんなんいまどき、どこで売ってるん?」みたいな、ごっついわりに吸収力なさそうなヤツで、しかも個数が決まっていました。でも寝ているあいだに漏れたりしないように、ティッシュを多めにもらったりして、これもいろいろ工夫していました。

1日に使えるティッシュの枚数も決まっています。申請すれば増やしてもらえますが、これもいちいちやるのは面倒くさかったです。

第2章 PRISON LIFE ムショの1日

分刻みの毎日

ムショの1日は、慌ただしくはじまります。刑務作業が終わる夕方までは、「どこのVIPやねん」というくらいの分刻みの生活ですが、夕食が終われば、あとはゆったりできます。

先に書いたように、刑務作業をすることがチョーエキの務めなので、生活も刑務作業を中心に回ります。

寝起きをともにする舎房のメンバーは、同じ工場で作業します。舎房ではケンカあり、いじめあり、笑いあり、涙ありと、いろいろあっておもしろいのですが、もう戻りたくはないです。

朝は、だいたい平日6時40分、休日7時40分くらいの起床です。日の出の時間が違う西と東の施設は違いますし、同じ施設でも夏と冬では少し違います。

「起床」の音楽が鳴ると、ソッコーで布団を上げて着替え、洗面、清掃を済ませ、朝の「点検」を受けます。ちなみに、「起床」のときに流れる曲で心に残っているのは、郷ひろみ

［図4］

ムショの1日（平日の場合）

6:40	起床・点検
7:00	朝食
7:15	出房
7:30	作業開始
11:40	昼食
12:00	作業開始
16:00	作業終了
16:20	点検
17:30	夕食
	自由時間
21:00	消灯

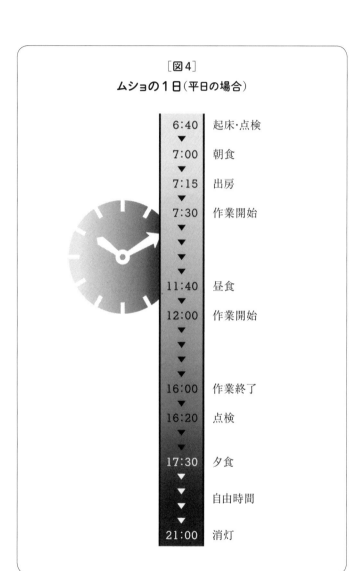

さんの「お嫁サンバ」ですね。「あわてないで〜♪」とか流れますが、朝の点検は急がなければいけないので、あわててました（笑）。

ちなみに女子刑務所のパジャマは塀の中にはまったく似つかわしくないかわいい布地のフリフリパジャマです（笑）。それ以外はずっと舎房着を着ています。洗濯もチョーエキがします。洗濯工場は重いアイロンを使ったりするので、体力のある体格のいい子が選ばれやすいのですが、ケンカっ早い人は選ばれません。

朝の点検では、舎房の入り口前に正座して並び、刑務官が来るのを待ちます。刑務官に「○房！」と言われたら、座っている左端から順にあいさつします。私たちは刑務官からは名前ではなく「称呼番号《しょうこ》」で呼ばれているので、各自が「称呼番号○番！　おはようございます！」と声を出します。

朝食の時間は15分ほどで、ゆっくり食べられません。食事をする場所も、施設によって違います。舎房で食べる施設と、大食堂でみんなで一緒に食べる施設があります。私がいた当時の岩国《いわくに》刑務所は、朝は舎房で昼と夜は工場の食堂、和歌山刑務所は朝と夜が舎房で、昼が工場の食堂でした。洗いものなどの都合もあるのでしょうが、舎房で食べる和歌山のほうが家庭的な感じがしましたね。

朝食が終わると、工場に出ます。

昼食と休憩、30分の運動と入浴以外は16時までひたすら作業をします。勝手に立ち上がることもできません。トイレに行くのも人と話すのも、まずは刑務官に手を挙げ、「許可」を得てからです。

昼食は11時40分からで、20分くらいで食べます。

工場での作業が終わると、舎房に戻って朝と同じ「点検」を受けます。

夕食は17時30分くらいから食べます。シャバではありえない時間ですよね。

ここまではバタバタなのですが、夕食後は何もなくて、21時の消灯までけっこうヒマです。早寝早起きにもほどがあります。

そして、食後や週末は、テレビの視聴もできます。人気があるのは、録画されてある「月9」やサスペンス系のドラマ、旅番組などです。旅番組で自分たちの地元が紹介されると、大騒ぎします。

それと、「警察24時」シリーズみたいなドキュメンタリーも人気があります。警察官に24時間密着してクスリの売人や女子高生の売春、交通違反なんかを逮捕するアレです。おそらくヤラセに決まってますが、みんな夢中で見ます。
自分たちは逮捕《パク》られている側なのにおかしいんですけど、ポン中（覚醒剤中毒者）や酔っ払いのおっさんが保護されているところとかを大笑いしながら見ていました。「こいつ、アヤしいやっちゃなー」とか「こんなアヤしかったら、絶対逮捕《パク》られるわ！」とか、それはもう楽しかったですね。自分たちもそのひとりなのに、何言ってんだ、って感じですけどね（笑）。

それと、ラジオも好きでしたね。

お昼にNHKラジオのニュースが流れます。毎日聞いていると、いつもかかるメロディーにほっとするようになります。

私のいた施設では、月に1回、ラジオ局のDJが来てくれました。リクエスト曲と理由を書いて出しておくと曲をかけてもらえることがあり、そのときはうれしくてテンションが上がりましたね。私がリクエストしたのは、故・河島英五《かわしまえいご》さんの『酒と泪《なみだ》と男と女』とかでした。待ってくれている彼氏が昔よく歌ってたので。ぐっときて泣きましたね。会いたくて切なくて……。

そんな感じで、ムショの毎日は過ぎていきます。

ムショは「ブラック企業」？

巷《ちまた》では、少し前から長時間労働や低賃金、パワハラ・セクハラなど、劣悪な環境で人を働かせている「ブラック企業」が問題になっていますね。

最近では有名なブラック企業は、弁護士さんや学者さんが決める「ブラック企業大賞」っちゅうものに選ばれてしまうようです。

ブラック企業を決めるサイトによりますと、「ブラック企業かどうか」の判断は、長時間労働のほか「セクハラ・パワハラ」「いじめ」「過密労働」「低賃金」「コンプライアンス違反」「育休・産休などの制度の不備」「労組への敵対度」「派遣労働者への差別や依存度」「残業代の未払い（求人票の不実記載）」などが基準だそうです。

まあ、ムショは企業ではないのでアレですが、要は働いている人の基本的な「人権」とか「権利」が守られているかどうか、ってとこが大事なような気もします。

「ブラック企業判断」をムショに当てはめて考えてみると……ムショでは、いじめは普通にありますね。あと刑務官によるパワハラもあります。

また、残業はキホンありませんが、作業用工具などをなくしたら、出てくるまで探さなくてはなりません。大きなドライバーやスパナは凶器にもなりますから、朝まででも探します。ホンマに朝まで探すことはなく、たいてい出てきますが、これはけっこうなパワハラですよね。

なくすほうも悪いんですけど、わざとやなくて、誰かほかのチョーエキにイジワルで隠されていることがほとんどです。

それから有休（年次有給休暇）は当然ありませんが、風邪やケガなどで体調が悪いときには休むことはできます。

そうなると「そこそこブラック」ってことになるんでしょうか（笑）。それもちょっと締まらない感じですね。

時給は10円以下

刑務作業は、週に5日、1日8時間の40時間労働で、土日と祝日、年末年始はお休みで

✤ムショのいじめ

社会問題と
なっている
〝いじめ〟
ムショの中でも
もちろん
いじめは
あります
なに!?
スパナを
なくした
!?
見つかる
まで
帰さん
ぞ!
翌朝
見つけ
ないと
一生出られ
ないぞ〜
刑務官の
いじめも
しばしば…

す。平日でも作業をしない「免業日」があることもあります。

刑務作業は、ミシン、鉄工、木工などで日用品や食材を作ったりしますが、時代遅れだなぁと思う作業も多いですね。日本最大の女子刑務所である栃木刑務所ではエステティシャン養成コースなどもあるそうで、うらやましいです。

こうした作業は、熟練の度合いにもよりますが、時給にしたら10円にもなりません。3年の服役で、出所時にもらえるのは平均10万円程度でしょうか。

刑務作業でもらえるお金は「賃金」ではなく「作業報奨金」と言います。作業報奨金は、時給でいえば10円もないので、もともと雀の涙ほどしかありません。ですが、さらに、その中から出所時のお金を取っておかなければならないため、作業報奨金はムショでは3分の1までしか使えません。なので、家族からの現金の差し入れはとてもうれしいですね。これで下着やシャンプー、生理用品などを買うのです。

ちなみに未決のときは、本人が願い出れば「請願作業」という作業ができますが、「未決で作業やってはる人なんかおるの？」ってくらい見たことないですね。

100円ショップの商品は受刑者が作ってる!?

刑務作業は、施設によっても違います。

女子刑務所の場合、縫製（刑務官の制服を縫うところもあります）、お盆用品や家具などの木工品、金属加工（電気製品の部品などを一般企業の注文を受けて作ります）などが多いです。デパートなど企業からの発注を受けて作るものもけっこうあります。100円ショップで売られているティッシュケースやツケマなどは、ほとんど刑務作業品だと思います。

クリップなどの中国製品を箱詰めする作業もあります。私も独居房にいたときは、1日に2000個くらいを小さなケースにパチパチと詰めて、「加算給」30％（世間で言う「ボーナス」）を毎月つけてもらいました（笑）。やらかして独居房に入れられているときはヒマなんで、朝から夕方までひたすらやるしかないですしね。独居では作業をさせてもらえないこともありますが、私はけっこうやっていました。

そして、これまた施設によっては美容師やネイリスト、介護職、ボイラー技士、危険物取扱者などの資格を取得できます。私はフォークリフトの資格と宅建の講習まで受けさせていただきました。リフトは工場とかで働くには本当に必要な資格なので大切に保管しています。

ほかには配食や裁縫を教える係を担当しましたが、とくに裁縫は覚えておいてよかったです。

シャバに出てからも、息子たちのズボンや地元の「だんじり祭」の法被《はっぴ》などをどんどん縫っています。裁縫とミシンは誰にも負けない自信があります。ホント役に立ちますよ。いまどきは、木工とかはシャバでは役に立たないのと違いますかね（笑）。

また、施設によってはお神輿《みこし》や漆器、革靴などを作っているところもあります。こういう作業で作ったものを地元に安く売るのが「矯正展」というイベントです。刑務所は脱走の危険もある「迷惑施設」なので、地元に気を遣わなくてはなりません。なので、全国の刑務所の一般工場で作ったパンやバッグ、文具、靴、家具、お神輿などを年に1回くらい展示販売するんです。普通のお店よりもかなりお安く買うことができるので、オススメです。

会場では全国のムショで作られた品物が売られているほか、収容者の性格や適性を診断する「性格検査」の体験コーナーが「当たってる！」と評判だそうです。

✤資格取得

出所後の職に困らぬよう
刑務所では様々な資格が取れる
美容師やネイリスト
介護職やボイラー技士まで！
あ！いま「案外 刑務所も悪くないかも」
なんて思ったでしょ！
私語厳禁!!
絶対やめとけ…
地獄なことに変わりねーから…

また、施設ごとに独自の工夫もあっておもしろいです。とくに人気なのは「ムショ飯」ですね。それを再現したバクシャリ入りの「プリズン弁当」は、おいしいと評判です。私の地元・大阪刑務所のパンも大人気で、ドライフルーツ入りのコッペパンはなかなかの代物です。府中刑務所のコッペパンも2時間待ちくらいの行列ができるそうですよ。

それと、旭川《あさひかわ》刑務所などでは、矯正展にくるお客さんを、最寄の駅からムショまで「護送車」で送ってくれるそうです。また、東京拘置所では、毎年ではないですが「刑場（死刑を執行する場所）」も公開されているそうです。あんまり見たくないですけどね。

チョーエキも一所懸命作ったものが売れるのは、励みになりますから、ぜひ一度いらしてみてください。

ムショの「エリート的お仕事」

女子刑務所の一般工場は「初犯」と「累犯」に分けられます。男子は人数が多いので、もっと細かく分けられます。

さらに通称「モタ工《こう》」（モタモタ工場）という高齢者や障害者向けの軽作業グループもあ

ります。「モタ工」は差別用語かもしれませんが、男女ともに刑務所では普通に使われています。

じつは初犯の工場のほうが、厳しくされます。「ツラい仕打ちに耐えて二度と戻ってこないように」という刑務官の親心なのかもしれませんが、この私でさえ、ツラくて死にたくなったことがあるほどです。当時はまだまだ「うぶ」だったんです、私も。

でも、累犯になると、「また戻ってきたの？　しゃあないなあ。ほんじゃ、仕事任せたで～」って感じで、なれ合いすら感じます。

いずれにしろ「きちんと更生しよう」という気持ちになれるシチュエーションではないですね。くり返しになりますが、少なくともムショは反省できるところではないです。いわゆる「模範囚」も「早く仮出所したい」とか「お菓子が食べたい」（問題を起こさないでいると、仮出所の審査のときに有利だったり、お菓子の購入や面会・手紙の回数の増加などのご褒美があったりするんです）とか、そんな下心しかないことがほとんどだと思います。

刑務作業には、こうした一般工場での作業とともに、受刑者の身の回りに関する作業もあります。

食事を調理する「炊場工場《すいじょう》」、刑務官の食事を作る「官炊工場《かんすい》」、舎房着などを洗濯する「洗濯工場」、チョーエキの労働時間と賞与金などを計算する「計算工場」、差し入れの本や新聞の仕分けをしたり、備えつけの本（官本）の整理や修繕をしたりする「図書工場」、施設の修理をする「営繕工場」、施設内の清掃をする「内掃《ないそう》」、施設外の草刈りなど施設回りの清掃をする「外掃《がいそう》」などがあります。

一般工場以外の作業に就けるチョーエキは、いわば「エリート」ですね。包丁やアイロンなどの危ないものを持ったり、外に出ての作業をしたりするのは、誰もがさせてもらえるわけではないのです。

品行方正で真面目な人が担当しますが、堀江貴文《ほりえたかふみ》さんや鈴木宗男《すずきむねお》さんなどは高齢者の介護を担当されていたそうですね。つまりムショ内における一種のステイタスと言えます。

ムショの休日

ムショはそこそこ「ブラック」ではありますが、年に何回かは、運動会や盆踊り、カラオケ大会のほか有名人の慰問などのイベントがあり、とても楽しみでした。

いまは、法務省の「矯正支援官」に就任されたEXILEのATSUSHIさんやコロッケさんなどが法務省経由で慰問に来てくださるそうで、ちょっとうらやましいですね。私はお笑い芸人さんが来てくれたらうれしいなあと思っていました。実現しませんでしたが、とくにダウンタウンさんの慰問があったらええなぁと思っていました。

また、「母の日」には地元の幼稚園の子どもたちが来たりして、自分の子どもと重なって見えてしまい、涙が流れるときも何度かありました。

出所しても家族と暮らせない事情のあるチョーエキのコたちは、複雑な気持ちだったと思います。

そういえば、少年院では運動会などで「おかんをおんぶする」競技もあります。じつは、私の逮捕のせいで息子たちも一時は荒れていて、何度か逮捕されています。少年院にも入りました。息子が出る少年院の運動会を見に行ったとき、私もおんぶしてもらえました。照れくさかったけど、うれしかったですね。小柄でよかった……と思いました。

あとは、地域の婦人会の方にもたくさんお話をしていただいて、お母さんと話せているようで少し心が温かくなったこともありました。

こうした行事に参加することで、自分自身で反省したり悔やんだり……。そして、「逆に今度こそ更生して家族を大切にしよう」と心に誓ったりしていました。やっぱり、上から抑えつけて無理やり反省を促すより、きちんとした環境を整えてくれたほうがチョーエキたちの更生にもつながると思いますね。

お休みの日の楽しみはアレ

土日祝日などお休みの日は、入浴や運動の時間が入ることもありますけど、基本的に自由です。平日に分刻みで生活させられているので、ゆっくりできるとうれしかったですね。家族や友だちに手紙を書いたり、漫画を読んだり、同じ房の仲間とおしゃべりしたり、時にはケンカになったり(笑)。午睡《ごすい》(昼寝)で寝だめしていた人もいました。

おしゃべりのテーマは本当にいろいろで、楽しかったです。

彼氏や夫の自慢、愚痴、昔の恋バナから、「次はこうやったらバレない」とかの犯罪の危険な指南(!)とか、「刑務官にバレない違反のやり方」(笑)まで。男よりもかなりハードなエロ話でいつも盛り上がりましたね。

とはいえお菓子も自由に食べられないし、手紙を書く相手や、お金や本を差し入れてくれる身内がいない人は寂しそうです。

そんな人は、担当の刑務官からいじめられるケースも多かったですね。刑務所の中でも貧富の差があって、それで扱いが変わるんです。「やっぱり塀の中もお金なんやなあ」と思ったものでした。

私は幸いにも家族や彼氏がいて、いつも差し入れをしてくれて、面会にもできるだけ来てくれていたので、たまにいじめがあっても耐えられました。

彼氏への手紙を書く時間も楽しかったですね。何度も何度も便箋に書いては破り捨てて、また書き直す、をくり返して「妄想デート」の時間を楽しんでいました。

また、刑務所は医療にもいろいろ問題があるので、体調が悪いのに医務で診てもらえないときには、面会に来た彼氏に「体がしんどいのに担当が相手にしてくれないから、診てもらえない」と露骨に言いつけたりしていました。

そうすると、面会のあとそのまま医務に連れていってもらえることもあるんです。

家族と会えない人や家族と関わりの少ない人は医務でもキツいことを言われ、薬も出してもらえないこともありました。お気の毒です。

女子刑務所には美容室も

男子刑務所ではチョーエキは全員丸刈りですが、女子刑務所では、任意で2カ月に1回カットできる日があり、髪形は比較的自由です。もちろん、パーマやカラーはダメですけどね。

じつは主な施設にはだいたい理美容室があって、理容師や美容師の資格のあるチョーエキが切ってくれます。プロが出張してくるところもあるようです。

たとえば私が務めていた和歌山刑務所には「白百合美容室《しらゆり》」というのがあって、チョーエキの矯正や職業訓練の一環として運営されています。獄中《なか》にいても、美容師の国家資格も習得できるんですよ。

普通に理美容の専門学校に行くと授業料が大変ですが、刑務所ならタダですから、5年以上の比較的ロングなチョーエキの人にはオススメです。ハサミを持つので、美容師の訓練が受けられる人は、チョーエキの中でもかなりエリート的な存在でもあります。

白百合美容室だけではなく、刑務所の運営する美容室は一般の方も入れるので、機会があったら行ってみてください。カットは1000円くらいです。わりとオシャレにやってくれるようですよ。

私は前髪カットのみで、帰ってから好きなヘアスタイルにできるように髪の毛はほとんど切りませんでしたね。パーマもかけないので、懲役のあいだに「バージンヘア」に戻せました。

こんなふうに、獄中《なか》にいても、社会復帰してオシャレすることをいつもいつも夢見ていました。チョーエキだって、一応「女」ですからね（笑）。

夏は盆踊り、秋は運動会!?

ムショにも、春夏秋冬はあります。とにかく暑くて寒い……んですが、そういう話ではないですよ。

意外に思われるかもしれませんが、拘置所や刑務所は「季節感」をわりと大切にしているんです。いま思えばアメとムチですね。ふだんは厳しくして、たまーに季節感あふれるイベントを開催してやさしくすることで、チョーエキを管理するんです。

春はひな祭りの桜餅やひなあられが配られ、屋外で桜を見てお菓子をいただく「観桜会」を開く施設もあります。夏には盆踊り、秋には運動会。カラオケ大会もあります。運動会はリレーとか綱引きとかですが、けっこう熱くなりますよ。こういう行事はとっても楽しみでした。

年末には年越しそば、お正月にはお雑煮やおせち料理も出ます。

そして、土日祝日のほか年末年始は刑務作業も面会もないので、食べてばっかりで太りますし、めっちゃヒマです。おしゃべりしたり、トランプをしたり、ケンカしたりしていました。もちろんケンカがバレたら懲罰です。

とくに、家族と過ごせない年末年始は切なくて、「なんで私はここにいてるんやろか……」と涙を流すこともあります。いろいろ考えて反省するのは、官（施設）の思うツボとも言えますね。

「外食ができる女子刑務所」？

女子刑務所が舞台のドラマ『監獄のお姫さま』（TBSテレビ系・2017年10月〜12月放送）

見てました?

私は録画はしてましたが、経営しているラウンジの仕事が忙しくて、自宅でゆっくりテレビを見る時間もなかなか取れません。テレビどころか睡眠の時間もロクにないんですが、それはそれでとっても充実しているんですよ。いまのラウンジの仕事はとてもやりがいがあります。

さて、『監獄のお姫さま』の脚本を書かれたクドカンこと宮藤官九郎《くどうかんくろう》さんは、実際に女子刑務所にも取材され、チョーエキや刑務官の話も聞いたそうですが、その刑務所は「毎月1回、1000円以内の外食ができる」のだとか。いちばん人気は「マクドナルド」だそうです。

うらやましい……。

一体、どこのムショなのでしょうか。

私が懲役に行っていたころは聞いたことがありませんでした。

塀の中でマクドが食べたくなるのは、よくわかります。しょっちゅうテレビコマーシャルをやってましたから。夕食後の何時間かはテレビを見ることができたので、マクドやケンタッキーフライドチキンなどのコマーシャルを見ては、みんなで「食べたいねえ」とため息をついてましたね。

だから、「獄中《なか》からマクドに行けるなんて、めちゃくちゃうらやましい」というのが正直な感想です。自由に好きなものを食べられるシャバは最高ですね。

ちなみに私がいたころも、出所が近くなると「シャバの空気に慣れるための外出」が許されていました。500円玉を握りしめて街を歩き、スーパーで買い物をしたりします。

私は3～4年ずつの刑を3回受けたので、長期刑ではありませんが、それでもやっぱり「プチ浦島太郎」になってましたね。

長期の人は、出所したときに、100円ショップの品ぞろえやETC、街に公衆電話がないことなどにビックリします。

私も、スマートフォンは慣れるまでけっこう大変でした。

パンフレットやコマーシャルで見ていたので、知ってはいましたが、実際に買ったときはかなり驚きました。

どれくらいの指圧（?）で触ればいいのか、着信のときにどうスライドさせればいいのか、とかがよくわからず、画面を指でギューギューと押してましたね（笑）。

もちろんいまはすっかり慣れて、スマホは「2台持ち」で、足の指まで駆使して主に営業用の「好き好きLINE」を打ちまくってます。

ムショでいちばん食べたかったのは……

チョーエキ時代にマクドに行けたら、かなりうれしかったと思いますが、いまの私なら迷わず立ち飲みでおでんを食べたいですね。ビールと熱燗《あつかん》入れて1000円でおさまるお店、けっこうありますよね。でもアルコールはアカンかなー（笑）。ベロベロで帰って来てソッコー懲罰房行きなんて悲しすぎるし。

まあいまの気分はおでんなのですが、昔なら甘いものを買ったかもしれません。パンケーキとか食べたかったです。獄中《なか》では、やっぱりとにかくみんなが甘いものに飢えていましたからね。

だから出所後は、迎えに来てくれた家族と一緒にサービスエリアで車を降りて、ぜんざいを3杯食べて、アイスクリームやジュース、チョコレートをたくさん買って、車の中で食べていました。で、地元に着いたら「ミスタードーナツ」へ直行。さすがに食べ過ぎですが、そのくらい食べたかったんです。3回出所して、そのたびにミスドに行ってますが、これも獄中《なか》でコマーシャルをさんざん見ていたせいかも（笑）。

そして、3回目の出所のときには、近くのファミレスでまずホットケーキ。そのあとに西成の串カツ、寿司、ミスド。さらにホテルのケーキバイキングにも行きました。

めっちゃ食欲が出たのは出所の解放感やと思います。やっぱりムショは行くものではないですね。

死刑場の幽霊はみんなが体験？

突然ですが、コワイ話はお好きですか？

「アンタには、生《い》き霊《りょう》が憑《つ》いとる」

ある霊能力のある方から、こう言われました。マジで……。見たことはないんですが……。読者のみなさんの中にも霊が視《み》える方って、いらっしゃいますよね。

まあ「ポン中でムショ帰りのくせに」テレビに出たり、サイゾーウーマンでエッセイを書かせてもらったりしてるから、妬まれているようです。そう言われましても……。でも、どうしようもないのではったらかしてます。

そもそも、私には視えませんしね。

だからムショでもこれといった霊体験はしていないのですが、いろんな「話」は聞いてきました。まあ、ガチで見てしまったら、怖くてチョーエキや刑務官なんか務まりませんよね。

いろんなお話がある中でとくに有名なのは、やっぱり死刑を執行する「刑場」のある施設の幽霊話です。みんな言ってはるから、実話だと思います。

ウチのラウンジのお客さんには刑務官さんもいてはるんですが、「あそこはマジで夜は怖いわ」とおっしゃってます（笑）。やっぱり怖いんですね。

全国で刑場があるのは、札幌、仙台、東京、名古屋、大阪、広島、福岡の7つの拘置所で、札幌と仙台は刑務所内の拘置支所です。なぜ刑務所ではなく拘置所に刑場があるかと言うと、死刑は執行されるまで「未決囚」やからだそうです。吊《つ》るされて初めて「既決」になるんですね。

死刑囚は、死ぬまで未決やから、舎房着ではなく私服で、髪形も自由です。女子はもともと未決も既決も髪形はわりと自由ですが、男子は刑が確定したら丸刈りにされます。でも、死刑囚は男子でも伸ばしていてもいいんです。そういえば刑務官も死刑囚にはちょっとやさしいと言われています。

刑場はたまに報道陣にも公開されてるそうで、見に行った知り合いの記者さんは、「霊感のない人でも、めっちゃヤバい」と怯《おび》えていました。照明もちゃんとあるのに、「なんか暗くて怖い」のだそうです。記者さんは「足を踏み入れたら、無数の視線を感じた」そうです。サブー。「知らない人（メディア関係者）がたくさん来たから霊たちも偵察に来たのかも」と。

噂《うわさ》によると、死刑囚だけやなくて獄死した人や被害者さんの霊もいてはるみたいですよ。霊が霊を呼んでしまうんですかね。

あと刑場はなくても、全国の施設には獄死した人のための霊安室があります。これもいろんなコワい話がありますね。服役中に病気や事故で死ぬなんて、無念だろうなとは思います。冤罪《えんざい》やったら絶対に化けますよね。

だから霊安室周辺の幽霊騒動は絶えません。だいたい地下にあってふだんは通れないのですが、「そっちは霊安室しかないし」という廊下を白い人影が歩いてるとか、近くを通りかかったらすすり泣きが聞こえるとか、そんな話が多いです。

あと誰も動かしてないのに、霊安室のある階でエレベーターが停《と》まってるとかいう話もありましたよ。

こっちが祟りたい？

獄中《なか》では、リアル怪談のほかに、「でっちあげ」の話もけっこうありました。

新しく入って来たコに「○○のトイレには入ったらあかんよ」みたいな話をして脅かすんですね。洗面台の鏡に知らない人が映ったはるとか。

それと、たしかに誰も入ってへんのに「使用中」を示すランプがつくトイレはありました。「あれ、誰もいてへんのになんやろねー？」とみんなでネタにしていましたが、こういうのって、もしマジの幽霊やとしても実害はないから、怖くはないんですよ。

むしろ懲罰対象になる不正がバレたときのほうが怖かったですね。隠していたお菓子や密告を書いたガテ▼注1（手紙）を見つけられたときは、刑務官に「祟《たた》ったる！」と毒を吐いていました。

あと怖いのはゴキブリですかね。アレもホンマにイヤですね。

ちなみに、夫を殺してバラバラにしてチン○とかを冷蔵庫に入れていたSちゃんは、ゴキブリやハエをめちゃくちゃ怖がっていました。「いやいや、確実にアンタのほうが怖いわ！」とみんなが思ってますけどね。

ふだんはやさしいSちゃんのような人が人を殺してしまうときというのは、なんか違う「スイッチ」が入ってしまうようです。

ちなみに同じ夫殺しのAちゃんは、当時の報道では「何十カ所も刺した」ことになっていましたが、ブスブス刺した記憶はないのだそうです。夢中だったんでしょうか。ちなみに本人は「あんな程度で死ぬなや」と言ってました。

やっぱり霊よりも人のほうが怖いですよ、絶対。

「シカゴにいてました」

受刑者を「チョーエキ」というのはムショ用語らしい……と第1章で書きましたが、思えば、カタギには通じないムショ用語、けっこうあります。

大学院、別荘、留学、健康ランド……。はい、これは全部「ムショ」のことです。

喫茶店とかで話していて、隣の席から「○○は例の件でムショ行っとった」とか「□□

はまた懲役かいな」って聞こえてきたら、みんな耳がダンボになりますし、もしかしたら通報されるかもしれませんから、隠語を使うんです。ムショとは修行の場であり、規則正しい生活で健康になれることから（医者が悪いとアカンですが）こんな呼び方なんだと思います。

同じ理由で、注射を打つようなしぐさで「コレ」といえば覚醒剤、ほっぺたを指でなぞるようなしぐさをすれば「頬に傷がある＝ヤクザ」となります。外で大きな声で「シャブがー」とか「ヤクザがー」とか言えませんものね。

そして、和歌山刑務所は「シカゴ」とも呼ばれていました。「○○ちゃん、こんどシカゴに行くらしい」みたいな感じですね。

これは、いまの和歌山刑務所があるあたりが以前は「四箇郷村《しかごうむら》」という地名だったからです。

ムショ用語はそれだけではありません。白米を意味する「銀シャリ」は、昭和生まれには通じるかもしれませんが、なぜか「シャリ」関連は多いです。第1章でも書きましたが、麦ごはんは「バクシャリ」ですし、さらに、おしるこやぜんざいのような甘いものを「甘シャリ」、麺類を「長シャリ」と言います。

ちなみに「ピンシャリ」となると、オナニーのことを指します。「ピン」はピンク＝エロいことなのですが、なぜ「シャリ」なのか……。エロいことを自分でする→食べるにつながるんですかねえ。オナニーは「アタリ」とも言います。なぜ、「アタリ」なのかはわかりませんが、「シコる」が転じて、「じこ（事故）る」になり、事故る＝「下手を打つ」、それだと縁起が悪いので「アタリ」になったとかいうのをチョーエキ経験のある男友だちに聞きました。なんのこっちゃですね（笑）。

そして、ほかのチョーエキから食べ物を取り上げるイジワルを「シャリ上げ」と言います。もちろんバレれば懲罰です。

ほかには私語を「アゴ」[注2]や「ペラ」、手紙は「ガテ」、見張りは「シキテン」、メモや伝言などをこっそり渡すことは「ハト」などと言います。

セッケン禁止処分

ピンシャリやガテはいわゆるチョーエキ用語ですが、官、つまり刑務官が使う用語もあります。

たとえばガンセン。「願箋」と書きます。薬を飲むにも、手紙を書くにも、まずは願箋に「願い事」を書いて刑務官に渡すのです。

たとえば風邪薬や胃薬などはいっぺんに飲まないように、1回ぶんずつ渡されるので、そのたびに「お願い」します。飲んだあとは、「ら・り・る・れ・ろ」と言って、最後に舌をベーっと出して、口の中に薬が残ってないかを刑務官に見せます。

字が汚いと読めなくて却下されるので、みんながんばって丁寧に書くようにして、出所のころには字がきれいになっている……という話がありますが、どうでしょうねえ。都市伝説ですかね。でも、たしかにムショ帰りの人は字がきれいな人が多い気もします。

あと、未決のときに否認していると、セッケン禁止処分を受けることがあります。「接見」と書き、面会や手紙のことを指します。

「外部の人に証拠隠滅などを指示する危険性があるから」とか言われますが、面会には刑務官も立ち会うので、指示なんかできるわけがありません。「否認しているうちは面会なんかさせへん」という単なるイヤガラセやと思います。それしか考えられません（笑）。

デキすぎている気もしますが、接見を「石けん」と思っている未決囚がたまにいてはるそうです。

ある親分さんが、入浴のときに石けんを使わずに体を洗っているコを見かけ、「これ、使う？」と自分の石けんを差し出してあげたら、「あのう……ボク、セッケン禁止なんです」と言われたそうです。ホンマかいな！　と思うでしょ？　ホンマやそうです。

まあ、刑が確定して刑務所に行く「赤落ち」を「垢落《あか》ち」と思い込んで、体をこする「アカスリ」みたいなものと勘違いしてるチョーエキ初心者もいてるそうですしね。

ほかにも生理の人がまとまって最後に入るM浴《えむよく》もあります。Mとは「メンス」のことらしいです。いまどきメンスなんて聞きませんけどねえ。ちなみにM浴は、小人数で入ってシャワーで声をごまかせるので、「密談」の場でもありました。「昨日、○○先生が□□先生と口論になったらしいで」とか、ふだん話せないことをよく話題にしていましたね。

あと、ムショでは入浴の回数が決まっていて、毎日は入れないので、夏場などは体を拭きますが、それはシキシン（拭身）と言います。自殺防止のために缶詰を刑務官が開けるカイカン（開缶）、刑務所にリョウチ（領置、預けること）している私物を家族や友人に渡すタクサゲ（宅下げ）なんかもあります。領置品を自分で使うのはシャサゲ（舎下げ）と言います。

房内の抜き打ちのガサ入れ（家宅捜索）みたいなのはソーケン（捜検）となります。

まあこんな知識がみなさんのお役に立つ日はこないほうがええですけどね（笑）。

注1▼【ガテ】

ガテとは「手紙」を反対から読んで1字略したのだと思います。ヤクザは反対に読むことが多いです。ショバ（場所）とか「ジャーマネ」（マネージャー）や「ザギン」（銀座）などは芸能界でも使いますが、もともと芸能界はヤクザがしきっていた名残でしょうかね。ハトは「伝書鳩」からですね。

注2▼【アゴ】

大阪より西では、口をアゴというところが多いようです。ヤクザも使います。「アゴが立つ（弁が立つ）」とか「アゴが軽い（口が軽い）」とかですね。「ペラペラしゃべる」の「ペラ」も使います。おしゃべりな子を「ペラ子」と言ったりしますね。

第3章

PRISON LIFE

懲りない、女たちの修羅場

ダンナ殺し、子殺し……でも、ムショでは基本「ちゃんづけ」

私が務めていた岩国と和歌山の刑務所では、ファーストネームの最初の2文字に「ちゃん」をつけて呼ぶのが普通でした。たとえばテレビドラマ『監獄のお姫さま』の小泉《こいずみ》今日子《きょうこ》演じる馬場カヨは「カヨちゃん」となります。

さすがにキョンキョンとか菅野美穂《かんのみほ》さんとか美女ぞろいのムショはないと思いますが、カヨちゃんはダンナを殺そうとしたサツミ（殺人未遂）で収容されている設定でした。

テレビを見ていて、カヨちゃんの表情がつねに暗いことが気になりました。普通はダンナを殺したコはみんなスッキリするせいか、暗くないんですよ。むしろ、めっちゃ明るく生き生きとしています。まあ編集者さんは「殺しそこなったから暗いのでは？」と鋭いことを言ってましたけどね。

そして、カヨちゃんも「銀行員」の設定でしたが、不良っぽいコだけじゃなくて学校の先生とかおカタい職業のダンナ殺しはけっこういてました。収容されて「はじめまして」のときに、自分から罪名を言うかどうかは人によるんですが、「夫を殺してきました」と言う人はわりと多いんです。

しかも、「やっと死んでくれた」とか、「包丁で20回刺したくらいで死にやがった。おかげで私は人殺しや。あいつ、ホンマあほやで」（笑）とか堂々としたものです。さらには、どうやって殺したかを詳しく話してくれることもあります。

殺すなんてよほどのことですから、いろんな事情（主に貧困）で離婚もできず、ガマンにガマンを重ねてついに……ということなんでしょうかね。少し前にみんなが夫の死をひたすら願う投稿サイト「だんなデス・ノート」が本になっていましたが（死神《しにがみ》著・宝島社刊）、そう思う人は多いと思います。

これに対して、子どもを殺して入って来たら、まず自分からは言いません。そして口数が少なく、暗い表情をしています。

それでもそのうち、子どもを殺したということはみんなにわかってしまいます。第2章でも書いたように、刑務所では、チョーエキひとりひとりに称呼番号が割り当てられます。よくドラマや漫画なんかで「65番！」とか刑務官が叫んでるシーンありますよね、あれです。で、その番号が何番なのかで、どんな事件を起こしたのかわかってしまうんです。数字が事件を表すシステムになっているんです。なので、本人が黙っていても「殺人」というのはみんなわかっていて、そのうち「子どもを殺した」ってことも自然にバレてしまいます。

子殺しの原因もたいてい貧困か「新しい男」です。貧乏で不憫《ふびん》になったからか、新しい男と暮らしたいからかのどっちかですね。子どもより男の言い分や気持ちを大切にしてしまうんでしょうね……。子殺しの原因が貧困の場合は、多少話を盛ってるかもしれませんが、聞いていて苦しくなります。でも、新しい男のために殺すのはダメですよ。たいていはその男もダメですから。だから最悪の結果になってしまうんです。

ずっと一緒にいてうちとけてくると、けっこういろんなことをお互いにしゃべります。たとえば2人の小さな子を殺して「鬼母」と報道されたあいちゃん（仮名）は、貧困でどうにもならず、子どもたちを殺して自分も首を吊《つ》ったのに、死に切れなかったと泣いていました。シングルマザーで誰も相談する相手がいなかったんだとか。

「相談相手くらい自分で探せ。役所だってあるじゃないか」と思われるでしょうか。

家庭の事情などでちゃんと育ってないコは、オトナになっても問題を解決できる力がなく、甘え方も知りません。あいちゃんもそうだったんだと思います。それに、金髪でタトゥーの入ったコや頭の弱そうなコにはお役所の窓口も冷たいですよ。大阪の役所で生活保護の申請に来た女性に「ソープで働け」と言った職員がいたそうですが、そういうことができるなら最初からしてますよ。

報道では簡単に「人殺し」のレッテルを貼りますが、殺すまでにはそれぞれ深い深い事情があるのです。

隣の「芸能人」

施設によって違う用語も多いのですが、私が務めていた和歌山刑務所や岩国刑務所などは、有名な犯罪者は「芸能人」と呼ばれていました。たぶんどこでも同じと違いますかね。

栃木にはタレントの小向美奈子[注1]がいてましたが、こういうバッチリの「芸能人」だけではなくて、整形しながら逃亡を続けた福田和子[注2]や夫を殺してバラバラにした三橋香織[注3]も有名なので、ムショでは「芸能人」ということになります。この「芸能人」たちを所長たちはめちゃめちゃ大切にします。

刑務所や拘置所は、「事なかれ主義」で、トラブル発生に敏感です。所長になりたい幹部なんかは、とにかく自分の在任中には何も起こってほしくないのです。

せやから芸能人にかぎらず自殺なんてもってのほかなのですが、未遂も含めればけっこう起こっています。私も初犯のときには、いじめられて死にたくなったことがありますし。

やっぱりいじめのターゲットになるとキツいですね。ストレスがたまっているので、みんなイライラしていて、弱い者をいじめたくもなるのでしょう。女だけの世界なので、態度が鼻につく女や目立つ女も標的になります。

そんな理由で官（施設）はとくに「芸能人」には気を遣うのです。有名な受刑者がいじめを受けたり、自殺されたりしたら、マスコミが黙っていないからです。偉い人たちは、マスコミと法務省に弱いんですよ。

だいたいの芸能人は、いわゆる、「エリート工場」へ配役されることが多いです。「和ちゃん」こと福田和子は、工場でなかなかの「女親分」的な雰囲気を持っていましたよ（笑）。

和ちゃんは私の隣の房にいましたが、ある朝、亡くなっていて、大騒ぎになりました。やっぱり房内で死ぬのはめずらしいし、「芸能人」ですからね。

死因はくも膜下出血だそうです。整形手術までして逃亡していて、捕まってムショに入ったら突然死ってすごすぎますね。報道によると、遺体は息子さんが引き取ったそうです。家族を置いて逃げたのに、お子さんにちゃんと荼毘に付してもらえたのは、たいしたものだと思いました。

思えばすごい人生ですね。逃亡中はずっと生き地獄を味わい、塀の中に入ってくると、すぐに死んでしまったって、ホンマにドラマみたいです。持病もあったかもしれませんが、たまにこういう獄死もあります。

獄中でレイプされていた福田和子

和ちゃんといえば、「獄中レイプ事件」もありました。

ご存じですか？

いまはさすがにないと思いますが、昔はレイプなどの犯罪もありました。男女別とはいえ拘置所や刑務所が同じ敷地にあるところも多いですから、刑務官を巻き込めばできちゃうようです。

国会でも問題になった松山刑務所（ちなみに松山でなく今治《いまばり》市内ですが）の女子収容者レイプ事件の被害者の中に、和ちゃんもいてた……っちゅう報道があったんです。

１９６６年と、半世紀も前の話です。

ホンマに映画みたいな話で、ヤクザが刑務官を脅して鍵を取り上げ、所内でバクチや飲酒・喫煙、そしてレイプもやっていたのだそうです。ネットで「松山刑務所強姦《ごうかん》事件」で検索すると、少し出てきますよ。

当時の国会でも問題になったのに、関係者の自殺などもあって、法務省がもみ消したのだと聞いています。

別件の強盗事件で服役していた和ちゃんも被害にあったのに、法務省から被害届を取り下げさせられたそうです。事実ならひどい話です。

こういう犯罪はまず、「悪いチョーエキ」が刑務官を手なずけるんですね。

最初は、わざと困らせます。とにかくちょっとしたことで刑務官を呼び出すボタンを押すんです。呼び出し音が鳴るたびに刑務官は急行しなくてはなりませんから、何度も押されるとそのうち泣きが入り、「ええかげんにしてくれや」ってなります。

そしたら「じゃあ、おとなしくするから切手を1枚ちょうだい」とか簡単な要求をします。これに応じたら、刑務官はもう「負け」なんですね。

「お前、いま、チョーエキにモノを渡したな！　規則違反じゃねえか！　上司にバラすぞ」とかなんとか脅かして、要求をエスカレートさせていくんです。

これはわりとポピュラーな手口で、いまでも若い刑務官はけっこうやられてますよ。さすがにレイプを要求するようなチョーエキはもういてないでしょうけど。

それからだいぶ経って、和歌山刑務所で和ちゃんと私が出会うわけです……（笑）。これもご縁ですね。

そもそも女子刑務所には男性の職員もいてますが、男子刑務所には女性の職員は1人もいてません。だってあまりにも危険ですからね。

いつだったか法務省の「特別矯正監」をされている杉サマこと杉良太郎《すぎりょうたろう》さんが「男子刑務所に女性職員を増やしたい」と言うてはったけど、絶対ムリです。「レイプしてくれ」って言ってるようなもんですよ。

これからは、獄中《なか》の高齢化はもっともっと進みますから、こういうトラブルは減っていくと思います。レイプがなくなるのはええけど、高齢者ばっかりなのは……どうなんでしょうね。

あのカルト教祖妻は房内でもベジタリアン

いろんな人がいてましたが、私の心に残っているのは、やっぱりSちゃんですね。

Sちゃんは夫に保険金をかけて殺し、バラバラにしてキッチンに置いていました。悪臭でご近所から苦情があって発覚したようです。そりゃあ臭いですよね。チン○は串刺しにされて冷蔵庫に入れられていたと報道されていました。

そんなSちゃんですが、テレビドラマで解剖のシーンなんかがあると「いやん、怖い」とかよく言ってました。「アンタのほうがよっぽど怖いわ！」とみんな思ってましたが、誰もつっこまなかったと思います。

また、2017年に冤罪が証明されて釈放されたAさんは模範囚でした。共犯とされていた男性も模範囚だったそうですよ。無期懲役からの生還ですから、たいしたものですね。

あとは、例のカルト教団最大手のあの教祖の奥さんもいました。彼女は独居房でしたが、いつも朝晩お祈りをする大きな声が所内に響いていました。なんかお経みたいなやつですね。

ケンカとかで大声を出したらもちろん懲罰ですが、お祈りはいいみたいです。でも、私もまねして座禅を組んで飛び跳ねてたら、私だけは怒鳴られましたけどね（笑）。食べ物も変わっていて、ほとんど野菜しか食べないと調理の担当から聞きました。「特食」といって、ほかのチョーエキとはちがう特別なメニューの食事が作られていたそうです。

それから、これは芸能人の話ではないのですが……。

たまにわざとなのか偶然なのか、「極妻《ごくつま》」と「愛人」が同じ房になることもありました。こんなときは、私たち周囲のほうが焦るわけですが、たいていは極妻がしっかりしています。

「ウチのダンナがえらい目にあわせたな。迷惑かけて堪忍してや」とかなんとか、さすが「姐《あね》」の貫禄があります。こんなふうに言われたら「姐さん、すんません……」てなりますよね。ハブとマングースみたいなバトルを見たい人たちは残念でしょうけど。

差し入れ屋という「ぼったくりビジネス」

「獄中《なか》でいちばん困ったことって、なんですか？」

おかげさまでテレビや週刊誌などでインタビューを受けさせていただく機会が多く、この質問はよく聞かれます。

そうかて「困ってないこと」のほうが少ないんですよ、ムショは。食事、いじめ、医療……。ホンマに枚挙にいとまがありません。

差し入れ屋で売っているモノが高いことにも、腹が立ってました。

100円ショップで「3本100円」とかで売ってるようなボールペンが1本300円もしたり、ミカンの缶詰が2つで1000円もしたりとか、「暴利をむさぼるにもほどがあるやろ!」と思います。

チョーエキ仲間からも、「差し入れ屋の○○は賞味期限の切れたパンを平気で売っている」とか「メガネが最初から壊れてた。高かったのに」とかいう話はよく聞きました。なんか仕返しできないか、いつもみんなで考えていました。やってませんけど(笑)。

差し入れ屋は「一代かぎり」やそうで、権利も譲渡できない独占企業だからそうなるんでしょうかね。もし私が国が認めてくれる業者になれるなら、安くていいものを提供して施設内のみなさんを応援できるのに……。一時、大手スーパーの主導で差し入れ屋の民営化の話もありましたが、消えてますね。

まあ差し入れ屋もいろいろで、おもしろいところもあります。たとえば大阪拘置所（大拘）隣の差し入れ屋で扱っている「珍味するめ」は「珍する」と呼ばれて「大拘名物」です。私も大好きでしたが、いまはなくなってしまい、違う業者の製品が入っているようです。以前の味を知る人は「味がイマイチ」と言うてますね。でも、ピリ辛でおいしくて、ビールが飲みたくなるので、塀の中の人にはかえって気の毒かもしれません。

100人が全裸でシャワー奪い合い！ ムショ最大の修羅場

次によく聞かれるのが、「修羅場ってありますか？」という質問です。

ホンマにムショは毎日が修羅場ですよ……。大奥からアマゾネスまで、「女性だけの世界」は恐ろしいに決まっています。まぁ男だけの世界はもっと怖いですよね。軍隊とか刑務所とかね。やっぱり男女仲よく……がええですよね。

中でも女子刑務所で最恐のバトルと言えば、入浴です。工場の班ごとに90人くらいでいっぺんに入るので、100人近い全裸の女たちの戦いは、まさに「修羅場」そのものでした。

15分ですべて済ませなくてはならず、シャワーも人数分はないので、取り合いになります。

勝負に負けて、シャワーを取られへんかった人は「湯船のお湯」で洗髪です。いろんな人の垢とかがたくさん浮いてる湯船のお湯ですよ……。感染症とかも心配やないですか。しかも、お湯がもったいないので、夏場でもワンシャン。シャンプーは1回だけで、2度洗い禁止。シャンプーは泡も立たず、頭はつねにベタベタしていました。

逆に冬場はドライヤーがないので、きちんと乾かせません。

いまは入浴時間が昼なので少しは乾きますが、以前の入浴は夜間だったので、朝まで濡れたままで、髪が凍るときもありました。背中も冷たいし、耳と鼻にしもやけもできました。下敷きであおいで乾かそうとしたら、「下敷きの用途外使用」で叱《しか》られる始末です。

さらに寒いからといってかけ布団に顔を入れていたらダメ。起こされてしまいます。

ムショはホンマに夏も冬もまずいんです。暑さも寒さもツラくて、「もう死ぬんちゃうかな」と何度も思いました。夏の熱中症対策も、いまは少しはしているようですが、私がいたころは、ほぼ何もしてなかったですね。

房内の備えつけのポットには真夏でも熱湯が入っています。食事中はお茶の当番という

✤最大の修羅場

刑務所の
入浴は
修羅場
総勢100人による
シャワーよこせ!
ウチのもんや!
シャワーの
奪い合い
入浴時間15分
シャンプー
ワンプッシュ
のみ
もはや
入浴という名の
さむい…
ドライヤー使わせて…
拷問
ブル
ブル

のがいて、飲むときは自分で注ぐのではなく、その当番にしてもらいます。ですが、真夏は当番に熱湯のポットを持たせるのもかわいそうなので、遠慮して飲みませんでした。

下痢覚悟、あるいは便秘対策で洗面所の水をこっそり飲んだりもしました。

ホンマにいま考えたら、いじめというか虐待でしかないですよね。

いまはあちこちの施設で改築が進んでいて、シャワーの数も増えたようですが、100人近い全裸の女たちの戦いは、修羅場以外の何ものでもありませんでしたね。

もしも血圧が高い人がこの戦場にいてたら……。いつか倒れて亡くなる人とか出てくると思うので、今後のさらなる改善を望みます。

とにかく、あれはすごい光景でした。


あと、雑居房はとくにギスギスしていて、ちょっとしたことでもケンカ腰になります。本当にケンカをしてまうと懲罰ですから、チクチクとイヤミを言う程度ですが、イヤなものです。

獄中《なか》では下着と肌着、靴下、タオルは自分のぶんは自分で洗うのですが、干すときに間違えてちょっとさわっただけでイヤミを言うコも多かったですね。

ほかにも夜中にトイレに入って少しでも音がしたり、ちょっとでも洗面台に水滴がこぼれていたりしてもイヤミを言われました。とくに私にだけしつこく言っていたオバハンのことは、20年近く経ったいまでもフルネームと呼称番号をしっかり覚えています。まあいま思えば私は当時24歳で若くてかわいかったので妬ましかったのかもしれませんね。

とにかくヒマなので、ロクなことはしません。

そういえば歯磨き粉を眉毛やワキ毛、すね毛にぬって抜くとおもしろいように抜けるので、日曜日なんかはひたすら抜いてましたね。誰に見られるわけでもないのに。まあ、いま考えるとホンマ、アホなことやってたなぁって感じですね。

差し入れで取り越し苦労

獄中《なか》のような狭い空間にいると、考え方も狭くなるのも、当たり前と言えば当たり前ですね。

そもそも快適とは言いがたい空間です。いまはだいぶ建て替えられていて、室温の管理も昔ほどひどくはないようですが、やっぱりキンキンにエアコンが効いているわけではないので、体調管理は大変です。

こんな状態で「罪を反省しろ」と言われてもムリですが、ただでさえ不況なんですから、チョーエキの生活レベルを上げるなんて、絶対にムリでしょうね。

更生できなければ、満期を務めて出所したところで、また事件を起こして戻ってきてしまうことになります。


懲りない面々とは和気あいあいと過ごせるはずもなく、ちょっとしたことでイライラしたり、不安になったりしていました。

たとえばいつも来ている手紙や面会、差し入れが少しでも遅れるとめっちゃ不安になります。

まあ刑事事件を起こすと家族や友だちから縁を切られることも多いので、家族が定期的にいろいろやってくれる私は恵まれているほうでしたが。

そんなある日。彼氏から「BL本」の差し入れがありました。ボーイズラブ、美少年同性愛の漫画ですね。私はお料理の本や旅の本、ヤクザ系のノンフィクションやレディースコミックなどの漫画なんかが好きでよく差し入れてもらっていたのですが、このときはなぜかBL……。私はそっち系の趣味はないし、もちろんリクエストした覚えもありません。なんでこんな本を送ってきたんやろか……。

ちょっと考えてハッとしました。

「もしや男が好きになったから、私と別れたいのと違うんかな？」

いま思うとバカバカしいのですが、いかんせん閉鎖空間ですし、彼氏が近くにいないので、すぐには確かめられません。どんどんイヤな考えになってしまいます。

「やっぱり私がポン中やから愛想つかされたんやろか……」

「でもなんでよりによってBL？？？　なんで男を好きになってしもたん、彼は……」

ぐるぐると考えてしまい、夜も眠れません。

しばらく妄想でキレそうな毎日でしたが、少し経って彼氏が面会に来てくれました。

「なあ……あの漫画、なんなん？」

面会時間は長くても15分とかなり短いので、あいさつもそこそこに聞いてみました。

「ん？　あの漫画て？」

「ほら、あのBL……」

「びーえる？　て何？」

「ええー？　先月差し入れてくれた漫画やんか……」

「知らんがな。漫画は本屋で売れてるやつをテキトーに選んでもろてるだけや」

「えっ？」

「ワシはどんな本がええか、まったくわからんし。売れてる中から買《こ》うただけやねん」

「……そ、そうやったんか……！」

「だから、なんやねん？」

「アレって、男同士のエッチな漫画やんか！　ウチはてっきり『ワシはもうオンナには愛想が尽きたから、瑠美とも別れて、これからは男と付き合う』っちゅうメッセージかと思たんよ！」

「アホらし……。そんなわけあるかい。もしそうなら、そんな面倒くさいことせんで、はっきり言うわ」

「そうかー。でも、それもイヤやからごめんやで」

ほっとしましたが、あの悩んだ数日はなんやったんでしょうかね。

シャバならしょうもないことですが、あのときは真剣だったんです。

まあBLは極端としても、狭いところでは考えんでもええことをついつい考えてしまうんですね。

たとえば取り調べのときなんかも、冤罪であっても刑事さんから「お前がやったんやろ！」と何度も怒鳴られ続けていると、「もしかしてやってたかも？」という気持ちになるそうです。

まあ私はホンマにシャブをやってたんですけどね（笑）。これも狭いところで、ほかに何も考えられない状況やから起こってしまう妄想なんでしょう。

「拘禁反応」が出ると……

こういう妄想が自分の中だけであればまだいいのですが、そのうち周囲にもしゃべり出してしまうと、もう「拘禁障害」の部類ですね。

拘禁障害とは、「拘禁反応」とも言い、辞書には「刑務所や強制収容所などで自由を拘束された状態が続いた場合にみられる精神障害の一。神経症・鬱状態・幻覚・妄想などの症状が現れる」（デジタル大辞泉）とあります。

たとえば意味のわからない因縁をつけられます。

「いま、私の悪口言ってたやろ？」

「え？　誰も何も言うてないよ？」

「ウソや。いま、こっちをにらんでたやろ？」

「にらんでない、にらんでない」

「ウソや……」

こんなふうに言うてくるチョーエキはめずらしくありませんでした。

もっとも獄中《なか》でおかしくなる原因は、ひとつではありません。拘禁障害なのか、あるいはシャバにいたころのドラッグの後遺症なのか、判断は難しいですね。

雑居房で急に大声を出したり、バッグの中の荷物の出し入れをくり返したりする人はめずらしくありませんでした。

たとえばドラッグの後遺症でありがちなのは、「なんでも『人』に見える」とか「たくさんの虫が這ってくるように見える」、あとは「モノがしゃべる」とかいうのですね。

私もシャブをやってたころは、いろんなものが見えていましたが、刑が確定するころにはすっかりおさまっていて、ムショではとくにそうした症状はなかったです。

ほかには、一日中、鳩時計の時報をマネして「ぽっぽー、ぽっぽー」と言わはる人、鉛筆でもペンでも注射器に見えるらしく、血が出るまで腕に刺す人なんかもいてはりました。あとは、ムショの食事は遅くても10分で食べなくてはならないのに、「みそ汁に虫がいる」と食べずに器をじーっと見ている人なんかもいてました。

いちばん印象に残っているのは、和歌山刑務所で一緒だった在日韓国人のKさんです。私が収容されていた当時で既に70代だったと思いますが、妙にエロに執着してはりました。覚醒剤がらみで刑務所を出たり入ったりで、最近獄死されたと聞いています。

Kさんは、つねに騒いでいる印象で、男性の「先生」には「私をそんな目で見るなんて、抱きたいんやろ!?」と怒鳴り、女性の先生には「オメ〇したいんやろ!?」と叫び、同房の若いコには「ブス!」「腐れオメ〇!」と罵倒し続けていました。

いま思えばごっつ体力ありますよね。そういえばよくストレッチや腹筋運動もしてはりました。

そして、夏は「そんなに私の裸が見たいんか!?　ほなら見せたるわ!」と、庭の溜め池にパンツ一丁で飛び込んでました。もちろん誰もそんなことは言うてませんよ。

さらに、夏場の工場作業用の制服のスカートを、ウエストの部分を折り込んで、膝上15センチくらいまで上げていました。超ミニスカートでセクシーです（笑）。まあ、おばあさんのチョーエキの「ミニスカ姿」なんて誰も見たくないんですけどね。ボールペンでアイラインを引いたりもしてはりましたね。

もうおばあちゃんですし、先生たちも苦笑するだけで怒りません。私がやったら、間違いなく懲罰ですけどね。

ヘタな芸人よりよっぽどおもろいので、私たちはよく笑って見ていました。

Kさんとはもう会えないのですが、久しぶりに当時の仲間とKさんについて語りたくなりました。

ホンマにあった「読書の秋」

ムショや拘置所は「夏は暑くて冬は寒い」場所の代表で、とにかく夏は暑かった記憶しかありません。冬も冬で寒すぎて、よく肺炎にならへんかったと思いますが、毎夏に貸与される団扇《うちわ》でパタパタとあおぎ、熱い空気をかき回していたものです。団扇なんかじゃ太刀打ちできませんが、それでも女子刑務所はマシなんですよ。「男子刑務所はよく死人が出ないなあ」と言われています。もしかして死んでも公表しないだけかもしれませんが。

そして、涼しくなってくると、「読書の秋」がやってきます。シャバでは本どころか文字が読めないようなレベルのコたちも、ムショでは必死に字を覚えることもめずらしくありません。まあ塀の中は「とにかくヒマ」だからなんですけどね。

本は、基本的に親族などからの差し入れ頼みになります。自分の本は同じ房のコたちにも貸してあげてみんなで読みますが、施設内には官本もあります。これがまた昭和時代の本ばっかりで、めちゃめちゃ古くて汚かったですね。

みんな読んでた『実話ドキュメント』

私が務めていたころは、まだヤクザ雑誌の差し入れもOKで、よく読んでいました。いまはほとんど廃刊になっていますね。ヤクザを扱う雑誌を作っている会社には銀行がお金を貸してくれないのだそうで、それも失礼な話ですけどね。

女子刑務所では、廃刊になった『実話時報』（リニューアル後、2015年に廃刊）や『実話時代』（こちらは健在）などよりも『実話ドキュメント』（2018年3月からはWEB版のみ発行）のほうが人気でした。企画も「組織の人事」は少なめで、けっこう読者目線だったんです。

とくに、「拘置所通信　塀の中からの真実の叫び」はみんな読んでいて、私も投稿して掲載されたことがあります。接見禁止処分を受けているときなどは、弁護士に頼んで投稿してもらえることも、人気の秘密でした。まあ内容はけっこうしょうもないんですが、それでもうれしかったです。

あとは、「一通の手紙　塀の中のあの人……」のコーナーも好きでしたね。当時の彼氏が書いた励ましの手紙が掲載されていたことがあって、「いつまでも待ってる」とか書かれて、もう泣いちゃいましたね。

当事者にしかわからへんように「○○の□□ちゃんへ」みたいに書くんです。

それと、巻末の「逮捕者一覧」に知り合いが出ているかどうかも、いつもチェックしてました。「うわー。○○さん、『殺人教唆』って……。アカンやん」みたいなことをいつも言うてました。

それから、こういう実話系の雑誌は、広告もおもろいのが特徴でしたね。

女性誌は化粧品や服ばっかりですし、そもそもシャバにいるときは広告なんかほとんど見ませんが、ヒマなので、最初から最後までじっくり読んでました。ハゲやＥＤ（勃起不全）の薬とか、スタンガンとか防弾ベストとか催涙ガスとかが普通に並んでて、おもろかったです。

女囚の妄想「ハーレクインロマンス」

身内にヤクザが関係していないチョーエキは、よくも悪くももっと「女子らしい」本を読んでます。人気があるのは、やはり『女性セブン』や『週刊女性』、『女性自身』といった女性週刊誌やレディースコミックなどですね。

私も獄中《なか》で初めてレディコミを読みましたが、エロくてエロくて、おかしな気分になりそうで、控えめにしてました。

あとはヨメと姑《しゅうとめ》のバトル、実話の怪談「本当にあった怖い話」なんかもみんな好きでした。

そして、とくに人気があったのは、王道ラブロマンスの「ハーレクイン」のシリーズです。『御曹司のプロポーズ』とか『億万長者の花嫁』とかそういうタイトルの小説で、最近は漫画化もされているようです。

最初は私も、愛読している人たちを「ポン中のくせに、白馬の王子に憧れるんか！」とか「そんなもん、私たちは護送車がお迎えやん。腰縄と手錠つきで！」とかバカにしてましたけど、読んでみたらわりとおもろかったです。さすがロングセラーですよね。興味がある方はお試しください。

まあ私の場合は『血と骨』（梁石日《ヤンソギル》著・幻冬舎刊）とか『新宿鮫シリーズ』（大沢在昌《おおさわありまさ》著・光文社刊）とか『不夜城』（馳星周《はせせいしゅう》著・角川書店刊）とかのハードな感じが好きでしたけどね。

出所後もちゃんと読書を続けたら、もっと違う人生を歩めたかもしれませんが、もちろん出たら全然読みません。

ちょっともったいないですかね。

こんどの秋は久々に読んでみようかな？

ちなみに獄中で読んだ本で「もっぺん読みたい本」は、『仁義なき戦い』の著者でもある飯干晃一《いいぼしこういち》さんの『天女を背負った極道』（祥伝社刊）です。実際にあった山口組の三代目襲撃事件をモデルにしていて、いい話ではないですが、心にしみました。

いまは『天女の極道』と改題されていて、電子書籍でも読めるようです。

禁断の「獄中恋愛」その1——同性愛

ちょっと前に、『週刊大衆』の企画で元AV女優の麻美《あさみ》ゆまさんと対談をさせていただいたことがありました。塀の中のこととかいろいろ聞かれたのですが、さすが元女優さんで、かわいい顔してるのに、エロ話でも盛り上がりました。

職員には男性も少しはいてますが、基本は「女の園」ですから、エッチ方面は寂しいかぎりです。

「じゃあオナニーするしかないですよね?」

「いえ、ピンシャリ(オナニーのこと)は禁止ですよ。ムショルールに『陰部摩擦罪』というのがあって、懲罰の対象になります」

「陰部摩擦罪!?」

みたいな会話を昼間からやってました。周囲には編集者やカメラさんもいてるのに(笑)。

オナニーに使えそうだからバナナは食事に出ないし、パンが入っているビニール袋は「即回収」でした。昔、机の脚にビニール袋をかぶせてオナっていたチョーエキがいてたから……と聞いています。まったくホンマかいな？　ですよね。

もちろん布団の中でこっそりやるのはアリです。

「今日、イクわ」と周囲に言ったりします。もちろん刑務官にバレるのは、チンコロ（告げ口）するのがいてるからです。

まあ周囲からすれば「いませんでもええやろ」って感じですし、するほうもするほうで「見つかったら懲罰」というスリルを楽しみたいというのもあるかもしれません。なにしろヒマやから。

オナニーしてるうちはまだいいんですが、女同士のセクハラには困ることも多いです。自分がイヤなのに迫られたりしますからね。

施設では「ドーキン」は禁止です。同じ布団で男と女が寝ることで、「同衾」と書きます。男女ではないですが、「男役」（攻め）と「女役」（受け）ということです。

男役を「タチ」、女役を「ネコ」と言うこともありますし、「リバ」（両方ＯＫ）というのもあります。

おもろいのは「トイチ」と「ハイチ」ですね。レキジョさんなら知ってはるかもしれませんが、あの「大奥」で使われていた隠語らしいです。トイチとは「ト＋一」で「上」、ハイチは「ハ＋一」で「下」、つまり「上」が「攻め」で「下」が「受け」という意味だそうです。

大奥といえば、将軍様以外の男子は禁制の女の園です。江戸時代の最盛期には女中（という名の将軍様の愛人さん）が3000人くらいいたそうで、待機でヒマしてる女中さんのほうが圧倒的に多いわけです。若い女性が男っ気ナシで隔離されてるんですから、もう欲求不満はたまりまくります。

そう、ムショと同じですよね。だから男役はホンマに男っぽく、「オトコ」と呼ばれているコもいました。

私自身は、こっち方面はまったく興味がなかったのですが、よく「オトコ」からは「ネコ」として狙われていました。お風呂のときなど後ろから近づいてきたトイチにアソコに指を入れられそうになったことは何度もありますし、胸をわしづかみにされたり、耳を咬《か》まれたりもしていました。

私は被害者なのに、ヘタに騒ぐと私も「共犯」にされてしまうので、黙っているしかありませんでした。担当に見つかって私まで怒鳴られたこともあります。「中野！　あんたやっぱりネコかいな」って。「やっぱり」ってどういうことでしょうか（笑）。まあいま思えばおもろかったとも言えますね。

でも、こういうセクハラというかエッチなことよりも、嫉妬のほうがイヤでした。ムショとはそういうところなのです。

とくに、かわいくてうぶっぽいコが入って来たときなんかは大変です。オトコ同士が「（新人の）〇〇ちゃんは私のものだ！」なんて、ものすごいバトルになってました。

こういう人たちはもうガチで恋愛モードですから、髪形を気にしたり、眉毛の形を整えたりもしています。ホンマに更生どころではありませんよ（苦笑）。

もちろん収容者全員がオナニーやレズ行為をしていたわけではありません。

私もしてませんでした。だって、出所してからの「懲役処女」を楽しみにしてましたからね。ムダな気持ちはお預けにしてたんです。

そりゃたまーにですけど、抱かれる夢も見ましたよ。でもなぜか毎回、挿れる直前に朝になるんです。いいところで「起床ーーー」の声で起こされていました。

いまとなっては、めっちゃ笑い話ですけど、当時は起きたときに「今日も不発かよ……」って真剣にへこみました。

たしかに若いうちは性欲もありますが、それよりも塀の中での心細さや寂しさでそういう行為に走るんじゃないかなあと思います。

だって塀の中でそういう関係になっても、出所後も付き合うなんてありえないですからね。

これは男子も同様で、獄中で知り合って「兄弟」とか呼び合っていても、出所したら音沙汰ナシがほとんどです。

施設では男同士でもめずらしくないそうですが、切れ痔になったりして女子よりも痛そうですね。

ネットには、映画『仁義なき戦い』の元になった「手記」を書いた広島・呉《くれ》の美能幸三《みのうこうぞう》さんの言葉として、「外の世界から見れば、アンコ（女役）だのカッパ（男役）だのと小汚いものに思えるかもしれないが、刑務所の中は別社会である。精神的な潤いの何一つない無味乾燥な日常の中では、同性の立ち振る舞いにほんのわずかでも女らしいところがあると自然に心が動かされてしまう」というのが出回っています。なんかちょっとカッコエエですけどね。

せやから、ちょっと女っぽいコが入ってきたりしたら、奪い合いのバトルになって大変なのだそうです。出所したらまったく忘れるくせにね。

でも、「出所したら一緒に悪いことをしよう」と誓い合って、本当にやってしまうこともあるようです。

有名なのは、機械メーカーの社長宅の強盗放火殺人事件ですね。犯人の2人は服役中に知り合って計画を練っていたそうです。この2人はこの事件以外にも歯医者さんなどお年寄りばかりを狙った連続強盗殺人事件を起こしていました。もちろん判決は死刑でしたが、刑が執行される前に獄死しています。

普通は出所したら連絡なんか取らないもんですけど、やっぱりムショという閉鎖的な空間にいると、いろいろとおかしくなるんですよ。

禁断の「獄中恋愛」その2――刑事や刑務官との不適切な関係

2017年暮れに、元看護助手の西山美香《にしやまみか》さんの殺人事件に関する再審請求が認められたことが報道されました。

✤禁断の愛

キミは
陰部摩擦罪
を知っているか
刑務所内のオナニーは禁止！
バレたら罰則！
性欲のはけ口を失った囚人たちは…
ムラムラする～
我慢できない！
もうこの際誰でもいいか…
そっちに目覚める…

2003年に滋賀県内の病院で亡くなった患者さんの件で、看護助手だった西山さんが呼吸器のチューブを「職場の待遇への不満から外した」として逮捕・起訴された事件です。西山さんはこの件で懲役12年の有罪判決を受け、未決勾留日数を含めると13年あまり獄中にいたようです。

実際にやっていないことであれば、再審で無罪判決を出してほしいですね。

この原稿を書いている2018年2月現在では実際に再審開始になるかどうかはまだわかりません。再審は開始が認められるのもめっちゃハードルが高いと聞いています。

じつは、西山さんとは和歌山刑務所で同じ時期に服役していました。もともと不良でもなく、むしろ超・乙女ちっくなコで、ムショに来るタイプではありませんでした。だから、刑事さんにも騙《だま》されたのと違いますかね。

報道では、「刑事さんを好きになって、やってもいないことをやってしまった」という発言が取り上げられていました。

「私が取り調べの刑事のことを好きになって、気に入ってもらおうと思ってどんどんウソを言ってしまった。こんなことになるとは思わなかった」

再審請求に際して、西山さんはこう言ったそうです。片思いで未決勾留を含めて獄中13

年超……。

ほとんどの人は「アホやなあ」と思われるでしょうね。たしかに刑事に「離れたくない」って抱きついたとか、ちょっと聞いてて恥ずかしいですね。

でもね、違うんですよ。

西山さんとは和歌山刑務所で一緒やったし、ちょっと「弁護」してみたいと思います。逮捕のシチュエーションもいろいろあって、まずはホントの逮捕ではなく「事情聴取」とかで警察署に呼ばれることもあります。西山さんは、この聴取のときに刑事に怒鳴られまくったそうです。

そういうことに慣れてなくて耐えられず、思わず認めてしまったんでしょうね。で、いったん認めると、急にめっちゃやさしくなるんですよ、刑事は。これでコロッとやられるんです。

じつは、私も経験あります。

だって、1日8時間くらい密室に2人きりで向かい合って、いろんなことを言われて、叱られたり、慰められたりしたら、マジックにかかりますよ。西山さんも心細くて、いろいろ話したんだと思います。事件のことだけでは間が持ちませんから、人生相談みたいな話にもなります。

そうなると、ホンマはアカンのでしょうが、手を握られたりしたらね、やっぱり好きになってしまいます。

男とは接触できない生活ですし、一方で警察官や刑務官は職業柄か出会いが少ないので、「恋人気分」になってしまうんですね。

留置担当の警察官が、夜間の見回りのときに房の前に来てくれるんですが、「起きてるか?」って聞かれるのがうれしくて、わざと寝たふりをしてました。

チューとか普通にしてましたし、ドアについている食器口(食器を出し入れするための小さい扉)は自由に開けられるので、そこから手を出して、話しながら手をつないだり。さすがに「挿入」はなかったですけど(笑)、けっこうラブラブでした。

お菓子をもらうとか、外に連れ出してもらうとかもなかったですけど、真顔で「俺、お前好っきゃねん……」とか「ここから逃がしてやりたい」とも言われましたよ。

「ホンマ逃がしてほしいわ……」と思いましたけど、逃げなくてよかったです。罪が増えるだけですからね。

そんなわけで、塀の中みたいな特殊な空間の「色恋沙汰」は楽しかったですよ。もう一度、あの警察官に会いたいけど……。ほんならムショに戻らなきゃダメやないですかー。イヤですわ。もちろん戻りたないです。

編集者さんは「そんなのキモっ。ありえないです」と言ってましたが、いっぺん逮捕《パク》られてみたらわかりますよ（笑）。

ちなみに『週刊新潮』は、西山さんを取り調べた刑事を「冤罪の主犯」と言い切っていましたね。西山さんの件以外でも、誤認逮捕した被疑者をボコって書類送検されたのに不起訴で、いまは大出世してるそうですから、もうそろそろ天罰が下るころでしょうかね。

面会でドキドキ

チョーエキにとって、差し入れや手紙、面会という外部とのつながりは、いろんな意味で助かります。下着や洗面用品、新聞などを買うにはお金がいりますから、差し入れのお金はとても助かります。

そもそも単純に家族や恋人、友だちがいてる……というのは、それだけで心の支えになります。獄中《なか》でイヤなことがあっても、手紙や面会があると励まされますし、がんばることができるんです。

獄中の人間関係のトラブルで頭にきてしまい、「懲罰上等」でケンカしようと思っても家族や彼氏の顔を見ると自然とガマンできますし、手紙で愚痴を書くことでスッキリもしましたしね。

それに、刑務官も、家族や友だちが頻繁に面会に来ているチョーエキには手を出しません。家族が所長や法務省の「偉い人」などに言いつけることがあるからです。

事件を起こして懲役に行くような人は、もともと家族とは断絶状態にある人が多いですね。出所しても誰も寄り添ってくれる人がいなければ、更生する気持ちも起こりませんし、またムショに戻るしかありません。その点でも、私は恵まれています。

面会室もいろいろで、改築前の大阪拘置所は冷房がまったく効かず、汗を流しながらアクリル板越しに向かい合っていました。これはわりとありがちなパターンですが、岩国刑務所は、開放的なカフェテリアのようなところでした。鉄格子もなく、テーブルで向き合うんです。子どもも抱っこさせてもらえました。

「(彼氏には)さわったら、アカンでぇ」

刑務官によくからかわれましたが、こっそり彼氏と手を握ったりして、照れくさくてドキドキしてましたね。めっちゃ久々のときめき。

やっぱり彼氏とのふれあいはいいですよね。日本の刑務所は世知辛すぎますよ。海外では子作りが認められている施設も少なくないですしね。長期刑や と子どもには恵まれませんから、獄中でも子どもを授かれるシステムを望みます。

獄中出産は「生まれてすぐに離れ離れ」が普通

とはいえ獄中出産はかなり悲惨です。まずはここから改善してほしいですね。

大前提として、刑が確定していないとき（拘置所での出産）は自費で、確定時（刑務所での出産）は税金から出るので自己負担はナシです。このタイミングは難しそうですけどね。

たとえば妊娠3カ月くらいで逮捕《パク》られると、拘置所で中絶するのはお金がかかるので、おろすにおろせず、ムショで出産になります。

そんなときは、たいてい男とも別れてますから、好きでもない男の子どもを産んで、すぐ手放すことになります。赤ちゃんに罪はないのに、最初からめっちゃかわいそうですね。

「1歳半まで獄中育児OK」はタテマエ

法務省の統計によると、毎年20人以上の子どもが獄中で生まれているそうです。

私もムショでおなかの大きいコは何人も見ましたよ。お風呂とかでも「うわっ、おなか大きくなったねえ」「もうすぐやねー」などと、みんなでそれなりになごんだ会話をしてました。食事もみんなよりごはんが多めで、牛乳などの乳製品がついてましたね。

一応、法律では1歳半までムショで育てられるそうですが、そんな人はいてませんでした。

所内の保育室には保母さんもいてないし、昼間は刑務作業で工場に行きますから、そのあいだは赤ちゃんは放置されて、せいぜいおむつを替えてもらう程度。もちろん同世代のお友だちもいてません。

せやから生まれてすぐに親族が引き取るか、設備の整った乳児院へ入れるかのどちらかになります。

産後1週間くらいは一緒にいて、あとは離れ離れがほとんどですね。

おっぱいが張るたびに赤ちゃんのことを思い出すんやろうなーと思うと切ないですね。

ちょっと前までは「手錠をはめたまま」出産

乳児院に預けられた赤ちゃんは、職員が面会に連れてきてくれることもありますが、ほとんど会えないままのようです。

私の友だちはすぐに妹さんが引き取ってましたが、当時はなんと手錠をはめたままの出産でした。メディアが騒いで問題になって、2014年ごろから廃止になってますが、ついこのあいだまでは「逃亡の恐れがある」という理由で手錠つきやったんですよ。

これから出産なんてときに、逃亡なんか考えますかねえ。

それに、当たり前でしょうが、出産のときには刑務官も立ち会います。

でも法務省の「刑務官募集」のホームページには、「時には収容者の出産に立ち会います」とか「死刑執行もします」とかは書いてないんで、若い刑務官は「聞いてないよ！」的な感じのようです。

刑務官の離職率が高いのは、こういうのも原因と違いますかね。女性の刑務官は3年以内に4割が辞めはるそうですよ。

出産の立ち会いから死刑執行まで、刑務官も気の毒ですが、親の都合によって乳児院などで生まれ育つ子どもはホンマ大変そうです。

乳児院で育った子たちは親からの愛情を知らないので、対人関係には苦労すると聞いています。「自分のことは自分で」と厳しくしつけられているので甘えられない、いつも他人の顔色をうかがっておどおどしている、大きい音とかに異常にビクビクするとか、そういう感じですね。

私も、知り合いの乳児院出身のコに「もっと甘えてええんよ?」と言ったら、「甘え方がわかりません」と言われたことがあります。

やっぱり、ムショは行くもんやないですね。

報道で知りましたが、作家のC・W・ニコルさんのお嬢さんが逮捕《パク》られたときはシャブが陽性のうえ、妊娠されていたとのことで、心配ですね。私もそうでしたが、お母さんの勝手で子どもが傷つくのはいちばんダメですよ……。もう出産されたようですが、いい子に育ってほしいです。

注1▼【小向美奈子―こむかい・みなこ】
2015年2月に覚せい剤取締法違反の容疑で逮捕され、同年4月に懲役1年6月の実刑判決を受けたグラビアアイドル。日本最大の女子刑務所である栃木刑務所に服役し、出所後にはAV女優やストリッパーのほかバーの経営などにも乗り出している。2009年に同じく覚せい剤取締法違反の容疑で逮捕された際には執行猶予つき判決を受けており、当時から薬物に関する噂は絶えなかった。

注2▼【福田和子―ふくだ・かずこ】
1982年8月に愛媛県松山市内で同僚のホステスを殺害後、整形手術をして顔を変えながら15年にわたって逃亡した末に1997年8月に逮捕された。整形しての逃亡や、1997年当時は殺人事件に時効があったため、時効が2週間後に迫っていたことなどで注目を集めた。多くの映画やテレビドラマのモチーフになっている。2003年11月に最高裁で無期懲役が確定。和歌山刑務所に服役したが、2005年3月に同所内において満57歳で急死。死因はくも膜下出血とされている。

注3▼【三橋歌織―みつはし・かおり】
2006年12月、自宅マンションで夫（当時30歳）の頭部をワインボトルで殴って殺害後に遺体をバラバラにしたとして逮捕起訴され、2010年7月に懲役15年の刑が確定。夫妻がいわゆるセレブであったこと、三橋が夫のDVに苦しむ美人であったこと、夫妻にそれぞれ不倫相手がいたことなどから注目された。弁護側は「事件当時は責任能力のない心神喪失だった」として無罪を主張、ネットでも同調する意見が目立った。

第4章 覚醒剤にまつわるエトセトラ

PRISON LIFE

「ポン中」の見分け方

最近、周囲におかしい人、いてないですか？

覚醒剤を使用していた私は、その人がポン中かどうかはけっこうすぐにわかります。

ちょっと前ですが、知り合いから「最近付き合いはじめた彼がどうもおかしい」という相談を受け、その彼に会ってきました。

現れた彼は、めっちゃイケメンで、ＩＴの仕事でけっこう稼いでいるとのこと。うらやましい……と思ったのも束の間、「めっちゃおかしいやん！」と驚きました。

冷房の効いた喫茶店で、いつまでも汗をかき、ずっと唇をなめています。しかも、何かとリアクションがオーバーで、お冷やの入ったグラスを何度も口に運ぶなど、とにかく落ち着きがありません。

これは、かなりの確率で覚醒剤中毒者ですよ。

このときは何も言わずにお開きにして、夜にその知り合いに電話しました。

「なんか、ヤバいクスリやってるんと違うかなあ」

「やっぱり……。いくら稼ぎがよくても、アカンですよね」

彼女はがっかりしてましたが、「その道のプロ」だった私に言われて、あきらめもついたようでした。

覚醒剤は値段が高いので、そもそもポン中にはリッチな人が多いです。覚えておいてください（笑）。

覚醒剤の害は半永久的に続く

覚醒剤を使ったら、どのくらい体にとどまると思いますか？

おしっこは1週間程度ですが、髪の毛や爪は切るまで残るそうです。私の場合は、おしっこはもちろん髪を100本近く切られ、爪も切られたことがあります。さらには自宅に落ちていた髪も拾われています。誰と使ったか、見るためらしいです。

でも、こういうのは捜査と言うより、ほとんどイヤガラセです。私の場合、令状が必要な「強制採尿」と言って、尿道に管を入れられるスタイルの採尿だったので、なんと男性警察官もいてました。

「なんでオトコがおんねん！　ＳＭか！」と抵抗しましたが、ダメでしたね。ひどいもんですが、まあ私も悪いことをしたので、しゃあない面もあります。

そして、髪や爪以上に残るのが、「脳内」です。幻覚などの妄想は半永久的に続くと言われています。使用をやめていたとしても、ちょっとしたストレスやお酒など小さなきっかけで「フラッシュバック」が起こってしまうこともあるんです。

覚醒剤は、使いはじめて2、3カ月ほどで幻視や幻聴、被害妄想などの症状が出ると言われています。このときすぐに治療すれば治るそうですが、逮捕《パク》られるとわかっているのに、医者に行く人なんかいてませんよね。

せやから、どんどんひどくなっていくんです。

覚醒剤事件の場合、初犯だとまず執行猶予がつきますから、ここでも治療の機会はなくなります。つまりシャブでムショにやってくるのは、2回以上の逮捕で、「シャブで妄想の症状がかなり進んだ」状態のコたちなんですよ。

ASKAさんは治療に時間がかかりそう？

おかげさまで私はなんとか大丈夫なのですが、さっきも書いたように、いまでも覚醒剤をやってる人を見るとすぐにわかるんです。

ムショに入ってくる新人ちゃんたちの約4割は覚醒剤がらみです。▼注1

「自分、ナニやって来たん？」

「シャブです」

「自分で？」

「はい。密売《バイ》もやってました」

とかの会話の前に「あ、このコはシャブやな」とすぐにわかります。

逮捕《パク》られて、判決が確定するまで短くても何カ月かはかかるもんですが、そんな程度では抜けないほど使っているんですね。

そして、ポン中は落ち着きがないくせに、ヘンな集中力があるのも特徴です。

手紙を書くときなんか、肩や顔にめっちゃ力が入って、唇がヨコに行ってたり、足の指がぐーっと開いてたりします。

あまりにも「ヘン顔」なんで、「唇、ヨコに行ってるよ……」と教えたろかと思ったこともあります。あまりにも集中してて、声をかけるのが申し訳ないので、言うたことはないですけど。

でも、そのくらいならまだいいほうですよね。

歌手のＡＳＫＡ▼注2さんが収容先の病院で「お菓子のサブレを洗濯物のように干していた」と報道されたときは、「これは、相当イってるなあ」と思いました。その後も「ギフハブ」発言とか、ヘンなブログで注目されてましたよね。

同じポン中でも、10人に1人くらいの、いわば「選び抜かれた人」なのだと思いました。ここまで進んでしまうと、完全に治すのは難しいでしょうが、ファンも多いし、がんばってほしいですね。

ただ、ＡＳＫＡさんが逮捕《パク》られたときは、合成麻薬のＭＤＭＡも持っていたそうで、これはシャブよりも脳への影響がひどいと言われています。

でもちゃんと更生プログラムを受ければ、曲作りとかは、きっと大丈夫ですよ。

男と女のシャブ事情

テレビやラジオに出させていただいたり、サイゾーウーマンに連載をさせていただいたりしているので、芸能人のシャブについてときどき質問を受けることがあります。

「大物歌手Xが逮捕されるという噂がありますが、どう思われます?」

「どうって……。そんなもん、わかりませんよ。私は警察やないんやから」

「そりゃそうですね」

「でも、あんまり有名になってしまうと、クスリもやりづらいですよね。Xさんはもうやめてはるのと違いますかね」

「そういうもんなんですか……」

「シャブの売人の中には、芸能人専門みたいな口の堅い人とかもいてるんですが、そうは言っても、やっぱりどっかから漏れますからね。『そういえばヘンな汗かいてた』とか『走ってもないのにハアハア言ってた』とか噂も広まるし」

「そういう噂は前からある人ですよね、大物X……」

「それはわからんけど（笑）、普通は『逮捕《パク》られたときが（シャブを）やめるとき』って言います。拘留されたらクスリは使えませんからね。でも、パクられたら失うものは大きすぎますから、そう考えられるうちはやめられるんと違うかな」

「なるほど。清原（和博）▼注3とかのりピー（酒井法子）▼注4はたくさんのものを失いましたからね」

「そうそう。『そうなる前にやめとこ』って、思えればいいんですよ。まあ私もなかなかそうは思えなかったから、12年もムショに行くことになったんですけどね（笑）」

しょうもない自虐オチがつきましたが、12年のムショ生活で心はめっちゃ強くなりました。自分も含めてですが、ヘンな人が多すぎるんですよ。

いま私が経営しているラウンジも世間を知らない女の子が多くて、大変と言えば大変ですが、ムショに比べたらラクなもんです。

ちなみに第1章でも書いたように、女子のチョーエキの数は男子の約1割だそうですが、女子の犯罪の大半は「男がらみ」です。

これまた私もそうでしたが、「シャブデビュー」は知り合いの男から打たれるのがほとんどですし、子どもの虐待なんかも「交際相手の男といたいから、子どもが邪魔になった」

とかの理由です。DVの果てに思い余って夫や交際相手を殺してしまうことだってありますよね。

「みんな男が悪い！」と言うたら、言い過ぎでしょうか。でもそんな感じ。

では、男はどうでしょう。

大物Xさんや清原さんは、交際相手の女からシャブを打たれてハマったのでしょうか。違いますよね、きっと。

男の場合、シャブは自分からいってると思います。理由は寂しさだったり、好奇心だったりでしょうが、それをカノジョにまで使おうとするのが男なのです(笑)。

そういえば、有名な大物芸人の息子さんも相手の女の子に使おうとして逮捕《パク》られてましたよね。

犯罪からも男女の違いがわかるって、おもしろいですが、役者さんから芸人さんまで、なんか「二世」の違法薬物問題、多いですよね。私の地元大阪では「大物国会議員の二世逮捕」の噂もありましたが、いつのまにか消えていました。

「親が有名人だから」といって、いいトシをした「子ども」の不祥事について親を非難するというのは、どうなんですかね。親が記者会見までやって謝る必要があるんかなあと思ってしまいます。

親にまったく責任がないとは言いませんが、24時間の監視はムリですし、結局は本人の問題です。本人が気づかなければ一生治りませんよ。

私もそうでしたが、誰だって迷って悪いことに手を出すことはありますやんか。それを全部「親のせい」にするのはアカンですよ。

ちなみにムショでは、「大物ヤクザの娘」とかはやっぱり知られていて、そういう「二世」は何度か見かけましたが、「有名人」の子どもは見たことなかったです。

こういうこともすべてムショで学んだのですが、もうめいっぱい勉強させてもろたんで、戻りたないです。

クスリに溺れた人に必要なのは医療

二世とともに気になったのが、ヒップホップのミュージシャンの大麻所持の問題です。

こんな報道がたくさんあると、ヒップホップのミュージシャンがみんな「悪い人」に思われてしまいそうですよね。

とくに、「600グラム所持」という報道があったときには驚きました。自己使用にしては多すぎます。乾燥大麻に湿気は大敵で、カビが生えることもありますから、そんなに持てるものではありません。自分用に持つなら100グラムでも多いほうです。

報道でたまに「微量の大麻を所持していた」とかありますが、4グラムとか、その程度が「普通に吸引する量」なんです。

ちなみにいつごろからかは忘れましたが、大麻は「ハッパ」や「草」のほか「野菜」とも呼ばれています。ネット販売なんかだと「831」や「9393」が隠語として使われていますね。不良たちは「野菜ある?」とか、そういう言い方をします。

いずれにしろ、お医者さんもミュージシャンも、それなりの地位を捨ててまで薬物に走るというのは、なぜなんでしょうね。やっぱり寂しいんですかね。まあ私も失恋のツラさと好奇心からシャブにいってしまったので、他人様のことは言えませんが、切ないです。やっぱり家族や周囲の方のフォローが必要ですね。

「オランダみたいに解禁しているところもあるんだし、大麻くらいいいのでは?」とお考えになる方もいらっしゃるかもしれません。

でも、私は大麻のほうが危険な気がします。「シャブより値段も刑も安いし、後遺症も少ないから」と油断してると、けっこう大変ですよ。

だから、ときどき出てくる「大麻解禁論」にも反対です。

気分がハイになって、めっちゃ攻撃的になりますから、しなくてもいいケンカをしますし、大麻を買うお金のために窃盗や強盗も増えるのと違いますかね。

とくに、大麻をより効きやすくするために、医師が処方する眠剤（睡眠導入剤）と一緒に使うコがいますが、こうなるともう「一生廃人コース」です。仮に入院させられても同じ薬を処方されるんですから、治るわけがないんですよ。やたらと凶暴になって、もちろん仕事なんかできません。

じつは私も、シャブをやめさせたい兄に精神病院に入れられてしまい、大量の眠剤投与で死ぬ寸前でした。この件は、第6章に書いてます。

眠剤を乱用していると、そのうち普通の「生活」をするのが難しくなります。いつも家の中がぐちゃぐちゃで、話している内容も意味不明なことばかりのうえ、ケンカっ早くなったりもします。しかも、本人は覚えていません。なので、あとから「これはアカンやろ」

と説明しても、全然理解してもらえないので、周りの人は苦労します。本当に迷惑しかありません。あくまでも私の周りの眠剤中毒のコの話ですが、とにかく、いいことはひとつもありません。

とくにうつ病などで働けなくなって、生活保護を受けているようなコたちは、お医者さんから眠剤をもらい放題なので、そこで悪い男に引っかかると、もうダメですね。そんな例を何人も見てきました。

すでに大阪では、「眠剤ハイ」によるものと見られる交通事故も起こっています。飲んだあとに眠気をガマンすると、ちょっとラリった感じで気持ちよくなるので、そういう状態で車を運転したんだと思います。

合法の眠剤も、こんな使い方はダメですよね。ダメとわかっていながら、手を出してしまう人は、たとえ懲役に行ったとしても治りません。そもそも眠剤だけでは法には触れず、懲役にも行くこともないため、本人も悪いことをしている意識がほぼないんです。本当にやっかいですね。まあこれも医療の問題ですね。

きちんとしたお医者さんにきちんとした治療を受ければ、治ります。

そして、もちろん、あとは愛ですよ、愛。愛で治しましょう。

ヤクザの事務所には覚醒剤はありません

少し前ですが、盗んだバイクにシャブやチャカ（拳銃）が隠されていたことが報道されていましたが、テレビ局が「意外な隠し場所」と言うてました。

これは、意外でもなんでもないんですよ。

だって、組事務所は警察に把握されていますから、ホンマに「事務的」なことしかやりません。警察に把握されているところにシャブやチャカを誰が置くもんですか。同じく襲撃計画や抗争の「謀議」もしません。

話はそれますが、ヤクザの事務所は、ホント減りましたね。暴排条例で賃貸契約ができず、いくつかの組織でシェアしている例もあるそうです。

いいか悪いかは別にして、戦後の貧しい時代の組事務所は、不良たちが集まって、ごはんを食べたり、チンチロリンなどの賭博をやったりして仲よく過ごす「場」みたいな意味もあったみたいです。「行き場のない人たち」が集まれる場所だったんですよ、きっと。

悪いこともするけど（笑）。

せやから抗争事件が多かったころも、武器やシャブがゴッソリ……ということはなかったと思いますよ。親分衆はみんなアジトみたいなところを持っていて、シャブやチャカはそこから随時持って行くそうです。

そういえば「抗争で死ぬかもしれんし、長い懲役に行くかもしれんから」と、アジトに彫師さんを呼んで、全身ウン百万円の刺青を仕上げさせた親分もいてましたね。彫師さんは「めっちゃコワかった」そうですが、本当に素敵すぎます……。

覚醒剤の隠し場所自慢

「アカンもん」の隠し場所として、家族名義のリゾートマンションの駐車場もあります。これは王道中の王道ですが、駅のコインロッカーを使うこともあります。都内や大阪には「シャブ保管庫」や「武器庫」としてギョーカイで有名なロッカーもありました。

私の場合は、車体の下につけるような強力マグネットのケースも使ってました。ドアポストの底とかにもつけておけるので、運んだり隠したりするのには重宝でした。ずっと置いておくのには向いてませんが、走行中に落としたりなくしたりしたことは1回もないですね。何しろ、持っている量が多かったので、いろいろと方法を考えました。

ムショでは、「シャブをどこに隠していたか」というような自慢めいた話もよくしていました。

やっぱりマグネットで車体の下につける人はいましたね。

昔はおおらかで、けっこう自宅に置いている人もいて、「夫が勝手に私のシャブを食ってたからケンカになった」とか、そんな話も聞きました。

あとは子どもが使わなくなった通園バッグの再利用とか、食べ終わったクッキーの缶とか、すぐバレそうなところばっかりです。ASKAさんも、書斎の引き出しに入れてはったと報道されていましたね。

もしかすると、バレて、逮捕《パク》られて、ラクになりたかったのかも?

そういえばたまに外国人が、コンドームに入れた薬物をアソコに入れて空港で逮捕《パク》られたりしてますが、さすがに日本人はそういうのは聞かないですね。これからはあるんでしょうか。

ちなみに昔はヤクザもお金があったので、リゾート地のヨットやクルーザーなんかにもよく置いてました。でも、あんまりリゾート感あふれるところは遠いので、取りに行くのが大変です。

そういえば、ある親分は、別荘の近くにシカとかイノシシが出るので、若い衆たちが親分所有の自慢のライフルやショットガンで仕留めてあげて、よく村長さんに感謝されたと言ってました。いまは絶対にムリですけど。

ちなみに「弾は鉛だから、(射殺した動物は)鉛中毒になるから食べんほうがええ」そうです。

「大きなシカを撃ち殺して、血抜きして、もも肉なんかを地元の警察署でよく配った。死体の解体や血抜きは大得意やからな~」と笑ってました。

警察官たちはいつも大喜びで食べてはったそうです。

要するに、隠さなアカンもんは扱いが面倒くさいので、持たないほうがええってことですよね。

盆暮れには覚醒剤も値上がり

ムショを卒業してうれしいことのひとつに、家族とゆっくりお正月を過ごせることがあります。

私の通算12年のムショ生活で何回お正月を過ごしたのか、もうわからないくらいなのですが、いろいろ思い出があります。

ムショが意外と季節感を大事にしてることは第2章でも書きましたが、とくにお正月は楽しみでしたね。お正月も、やっぱり拘置所のほうが若干豪華なんですけどね。もっとも施設によっても違いますし、いまは経費削減もあって年々ショボくなっているという話も聞きますけど。

ふだんは21時には就寝させられるチョーエキたちも、大晦日はNHKの紅白歌合戦や格闘技やお笑い番組などを見ることができて、カップ麺ですが年越しそばも配られます。

そして、元日にはおせち料理の折り詰めやお菓子が出ます。なかでも楽しみなのは「銀シャリ」でした。

いつもは3食とも黒い筋のある麦が入った「バクシャリ」ですから、銀シャリはもう弁当箱のフタを開けるだけでマジで「まぶしい」んですよ。同じ舎房の「ルームメイト」たちも口々に「わあああ」「まぶしいいい」と大はしゃぎです。

でも、残念なことに銀シャリはすぐに胃もたれして飽きてしまいます。三が日が過ぎて4日目に麦飯に戻ると、「ああ、やっぱりこれやね」ってみんなほっとするんですよ。そんなですから、みんながお正月の三が日で必ず太ります。人によりますが、私は5キロくらい太ったのと違いますかね。まあ、たぶん、人のぶんのお菓子まで食べてたからでしょうね（笑）。でも、2キロから7キロくらいはみんなイってると思いますよ。

体重は、定期的に先生の立ち会いで量ってました。月に1回だったかな。ダイエットをしているコもいて、先生にバレないようにおなかに辞書をしこんだりしていましたよ。ダイエットくらいええやんと思うのですが、獄中はとにかくいろんなことが「アカン」のです。

そして、お正月でもうひとつ思い出すのが年末年始のシャブの流通価格です。

シャブは「だいたい1グラム1万円」が相場なのですが、売人によって価格がマチマチです。「純度が違う」とかいろいろ言って高くするわけですね。いまは4万円くらいもめずらしくないそうですが、ASKAさんは1グラム10万円で買ってたと新聞に出ていて、さすがにそれは高すぎやと思います。

しかもASKA騒動のときは、そのせいで便乗値上げされているという話でした。売人は他人の弱みに付け込むのがうまいんです。

年末年始は、何かとお金がいるので、売人は勝手に値上げするんですね。まぁ、昔の私みたいに、優しい売人もなかにはいてると思いますけどね（笑）。

常用者も常用者で、「年末年始の休みでゆっくりキメたい」とか「彼女とクリスマスにキメたい」と、どうしてもほしがるので、これも立派な便乗値上げですね。悪質商法ですが、そもそもシャブが違法なんやから、文句は言えません。

買わない、売らない、使わないのがいちばんですよ。

私も使わないで済むようになるまで、だいぶ「授業料」を払ってきましたが、おかげさまでいまは大丈夫です、ホンマに。

✤白米の威力

正月のお楽しみと言えば・・・
銀シャリ！
久々の白米や〜♡
まぶしくて直視できひんわ〜♡
ありがたすぎて食べんのもったいないなー
せや！
初日の出の代わりに拝もう！
初日の出！
ありがたや〜
今年もよろしく〜
はよ食べろ

清原和博さんに思うこと

2016年2月、清原和博さんの逮捕が報道されました。もうずいぶん昔のように思えます。私は以前から清原さんの大ファンだったこともあり、あのときは、本当に本当にショックでした。

いまのオーラのない清原さんの姿にはちょっと衝撃ですけど、まずは「シャブ卒」を信じてます。

私も時間はかかりましたが、シャブを卒業できましたから、絶対大丈夫です。

覚醒剤にハマっているときも、悪いことをしているという自覚はあるんですよね。だからこそ「どうせなら逮捕《パク》られるまで楽しもう」くらいに思って、続けてしまってました。

清原さんは私にとってだけではなく、国民的な大スター。それがなんで覚醒剤に……。

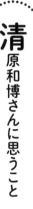

お子さんもプロ野球選手にしたくて、がんばってたはずです。

私が覚醒剤の地獄から生還し、家族に囲まれて仕事もできるようになっていた時期だったので、なおさら清原さんの逮捕はツラかったですね。家族が逮捕されたような気持ちでした。

逮捕の前から「疑惑」は報道されてましたよね。

私が最後に逮捕されたときは、覚醒剤そのものやそれにまつわる人間関係に心底うんざりして疲れ果てていました。もうやめたいのに、やめられない……そんな状況だったんです。

だから、最後に逮捕されて、手錠をかけられた腕を見たとき、最初の逮捕時のような怒りとか不安とか焦りはありませんでした。この逮捕で、また家族や友人を失い、帰る場所がなくなることもわかっていました。それでも、もう覚醒剤を使わなくて済む、覚醒剤を使う前の楽しかった自分に戻れる、解放される……と自然にそう思ったんです。

逮捕されて、これから体は拘束されるというときに、「解放される」なんておかしな話だと思われるかもしれませんね。でも、当時は素直にそう思いました。

そして最後の逮捕によって、覚醒剤と縁を切り、本当の意味で心も体も解放されました。

私の憶測ですが、清原さんも逮捕されたときに、そんなふうに感じたのではないかな、と思っています。一度国民的大スターとして活躍された方ですし、疑惑も報道されてましたから、きっと「やめたい」と思っていたのではないでしょうか。それでもやめられないのが覚醒剤の怖さなんです。

何度も失敗し、4回も逮捕された私でも這い上がれましたから、清原さんも大丈夫だと、ファンとしては心の底からエールを送りたいです。

清原さんにかぎらず、一度失敗したからって「もう人生終わり」なんてことはないと、私は思っています。だから、復帰されるのを楽しみにしてます。

ただそれは「1回くらい覚醒剤をやったって大丈夫」って意味ではありません。私は1回手を出してしまったから、4回も逮捕されて、地獄を見たんです。そして何もかも、大切なものもすべて失いました。「自分は大丈夫」「1回だけなら平気」とかいうのは絶対にありません。断言します。

そして、私が這い上がれたのは、覚醒剤関係の人と縁を切れたことと、あとは何より周りの人たちの愛のある「支え」のおかげです。だからこそ、ただ上から抑えつけるよりも、適切な治療と心のケアが、覚醒剤やいろんな依存症から抜け出すためには必要だと思っています。

注1▼
法務省『犯罪白書』によると、収容者の罪名はほぼ毎年同じ割合で、覚醒剤と窃盗（ほとんど万引き）が40％ずつ、あとは詐欺が5％、殺人が2％ほど。そのほかは暴行傷害、脅迫、放火、横領など。

注2▼【ASKA―あすか】
2014年9月に覚せい剤取締法違反で懲役3年執行猶予4年の有罪判決を受けた歌手。2016年11月にも同法違反（使用）で逮捕されたが、嫌疑不十分で不起訴処分。判決確定後も自身でブログを更新、2017年10月には音楽配信会社を立ち上げるなど活動を続けている。

注3▼【清原和博―きよはら・かずひろ】
2016年2月に覚せい剤取締法違反の容疑で逮捕、起訴されたプロ野球の元スタープレーヤー。逮捕時には左手に注射器とストローを持っていたことも報道されている。同年5月に懲役2年6月、執行猶予4年の有罪判決を受けた。以前から薬物に関する噂は絶えず、妻との不仲も伝えられていた。逮捕直前の2015年12月30日に更新されたブログには「クリスマスや正月、海外旅行、自分の誕生日　大嫌いになった」と記し、これも話題になった。

注4▼【酒井法子―さかい・のりこ】
2009年8月、当時の夫・高相祐一とともに覚せい剤取締法違反で逮捕、起訴された女優。同年10月に懲役1年6月、執行猶予3年の有罪判決を受けた。事件後は、創造学園大学にて福祉の勉強をはじめたことなどが話題にもなった。高相とは2010年に離婚。現在は、事件以前に所属していた芸能事務所から移籍し、日本、中国、台湾等で芸能活動を行っている。

第5章

PRISON LIFE

それでも懲りない女たち

ムショのいじめに耐えたらどこでも通用しまっせ！

なんで世の中から「いじめ」ってなくならへんのでしょうね。ほぼ毎日ニュースで問題になってますし、いじめが原因で自殺しはる人もいてるのに。

いじめがよくないというのは、子どもでもわかりますよね。

でも、いじめはどこでもあって、なくなりません。おかしいですよね。

知り合いのお医者さんによれば、いじめとは「生き残るための本能」で、もう遺伝子に組み込まれているのだそうです。だから自分が生き残るために誰かをいじめて排除するんですね。

拘置所まではそれほどでもないんですが、上下関係が厳しい刑務所では、新入りは「ドベ」と呼ばれて、なかなかしんどいです。

さすがに暴力はありませんが、トイレ掃除は「便器に手を突っ込んで洗え」とまで言われます。

初めてのときはかなり気持ち悪かったですが、慣れてくると「トイレは手を突っ込んで洗うほうがきれいになる」とわかったので、「ドベ」のコに私も言いましたね。

これは、いじめと違いますよ！　「刑務所できちんとやっていけるルール」を教えたまでですよ（笑）。

でも、全体的にいじめは本当に厳しかったです。いま思い出しても、めっちゃごつかったですねー。あのいじめに耐えられれば、多少のことではへこたれません。ホンマ心の底からそう思います。


シャバでも同じですが、塀の中でいじめを受ける理由も、それぞれです。告げ口や自慢話をするコは当然として、ちょっとしたことでもいじめのターゲットにされてしまいます。「いじめっこ」がどの房にも何人かいて、そのコたちに目をつけられたらアウトって感じです。

「ちょっとかわいい」とか、「先輩に生意気な口をきいた」とか、「面会にいつもダーリンが来てる」とか、「手紙や差し入れが多い」とか……。ホンマしょうもないことが理由でいじめられるのです。

だいたいは嫉妬からで、ホンマにちょっとしたことで、面倒くさい話になります。

小さい紙に「○房の○ちゃんがこんなひどいことをした」などと告げ口を書かれ、あちこちに回されてしまうこともあります。たいていはでっちあげですけど、読んだコたちは真に受けてイジワルをしてくるわけです。

また、運動時間の自由時間などあちこちで「舎《シャー》（仲よしグループ）」を組んでいろんな話をしてるコたちもいて、これらもホンマにタチ悪いです。

ケンカのときなど「シャー組んでモノ言っとったらあかんどワレッ」などと言います。まあ「ヤンチャ」な隠語ですね。

もし誰かがいじめられていても、助けることはできません。そしたら次は自分がターゲットにされるから。これもシャバと同じですね。ムショはシャバの縮図なんやなーと改めて思います。

それでも私はなるべく関わらないようにしていました。これは当時のムショ仲間も証言してくれますよ（笑）。

いじめから大ゲンカに発展したことも

いじめの方法もいろいろで、本人の目の前でやる場合と、本人がいないときにやる場合に大きく分かれます。

目の前でやるのは、まずはシカトですね。とにかく無視します。

あとは面と向かって「ヨゴレ！」とか「糞メンタ！」とか悪口を言うのもしょっちゅうです。メンタって、いまはほとんど言いませんよね。「女性」を悪く言う言葉です。

口だけならまだしも、すれ違ったときに舌打ちされたり、自分からぶつかってきて、「当たってくんなや～」と言いがかりをつけたり……。こういうのをいいトシしてやってくるんです。

たまーにですが、そんなことがきっかけで、みんなで取っ組み合いになることもあります。そんなときはもちろん私も腹くくって大暴れですよ（笑）。

どっちみち懲罰なんですから、「やるだけやらなきゃ損」ですからね。

私もこらえきれずに、何度か暴れて懲罰を受けています。

とくに運動会は狙い目で、しょっちゅう激しい乱闘が起こっていました。運動会の日には、みんながここぞとばかりに、気に食わないヤツに近づいていき、「大ゲンカ」します。同じ刑務所内の人間でも、工場が違えばなかなか接触できないんです。でも、運動会は全員が参加するので、気持ちよく殴りに行けました（笑）。

舎と舎のケンカ、つまり派閥の争いは、まったくないとは言いませんが、やってしまうと懲罰なので、いじめは個人攻撃でしたね。普段は耐えるしかないのですが、運動会は仕返しのチャンスです。

私が運動会でいちばん暴れたのは3回目の懲役のときです。原因は、最初はちょっとしたことでした。私の当時の彼氏の元カノもたまたま同じ刑務所にいて、私のことを逆恨みし、あることないこと言いふらしたようです。それを真に受けたコたちが「瑠美はアカン」となってしまったんでしょう。

それで私も、「もうアカン、限界や」と。

面会に来た彼氏にも「行くわ」って言うと、「気持ちよう〜パチーンっと行ったれ」って感じでしたね。

お世話になっていた刑務官にも「先生、もう（殴りに）行くから」と耳打ちしました。

✤運動会は絶好のチャンス

刑務官は、ため息ついてましたね。もう止められないのだとわかってくれたのだと思います。

靴を両手に持って、いつも私をいじめていた2人を思いっきりシバいてやりました。ただ、それだけでは怒りがおさまらず、作業場のものを破壊しまくって、近くにあったミシンも倒して、大暴れしたんです。

すぐに取り押さえられ、警備隊がやってきて連行されましたが、私が務めていた当時から、こういうときは録画されていました。警備隊による「制圧」が適切かどうか記録しておくんですね。

「黙っとけ、オバハン！」

押さえてきた刑務官に、絶対に言っちゃダメな「本当のこと」を口走ってしまい、刑務官にタテついたという「担当抗弁」の罪もプラスされて、2カ月ほど独居房に入れられていました。

あとで録画を見せてもらったら、マジでキレまくり、「ガハハハハハ」と笑いながら暴れる私がいてました。その気の狂ったような自分の姿には我ながらビックリです。

「これ、ホンマに私ですかね？」

思わず聞いてしまうほどでした。まあそれほど怒りがたまりにたまっていたんでしょう。このときは、約60日間、刑務作業もせず、誰ともしゃべらずに過ごしました。独居房で誰とも会話できないために失語症になる人もいてますが、ずっと寝て本を読んでました。

マジで怖いムショの医療事情

拘置所や刑務所での生活は、早寝早起きで規則正しく、ドラッグはもちろん酒もタバコもダメですし、十分とは言えませんが栄養価も計算された食事が出されます。借金取りやシャブの売人もやってきません。

だから健康になる人は多いですが、獄中《なか》での人間関係やハンパない暑さ・寒さなどで持病を悪化させる人もいてます。

ムショの医療体制はホンマにあかんので、こうなると生命の危機です。ストレスによる心の病で自殺する人も少なくありません。私の知り合いもそれで亡くなっています。

なので、最近もヤクザの親分が医療の不備について行政訴訟を起こしたり、刑が確定しても執行停止を受けたりしているニュースがありましたが、気持ちはとってもわかります。

だって、危なすぎますやん。

そもそもの問題として、刑務所や拘置所はお医者さんが足らないそうです。自分が医者やったら、そんなややこしいところで働きたいとは絶対に思いませんしね。私が刑務官なら殴ったろかと思うチョーエキもたくさんいてましたし。

いくら法務省から矯正支援官として任命されているEXILEのATSUSHIさんに勧誘されてもイヤです。

まあ私は注射打つのは上手やけど、医師免許ないからムリやねんけどね（笑）。

だから全員とは言いませんが、ムショの医者は「『チョーエキを懲らしめる』という異常な正義感に燃えている」または「シャバでなんかやらかして、おれんようになってムショに来た」かのどちらかだというのが定説です。つまり少し間違えば、同じチョーエキやったかも知れへん人かもということです。

そんなですから、ちょっとくらいの発熱や腹痛では簡単には診てもらえません。

歯医者なんかヘタをしたら「3カ月待ち」です。

そんなもん、診てもらう前に折れてるか、キンキンに腫れて大泣き入れてますけどね。

だいたい3カ月のあいだ、ずっと歯が痛かったり、おなかが痛かったりしたら、絶対にアカンやつですよ。そこまで痛みが続かなくても、ちょっとした異常で「ガンやったらどうしよう」とか悩んで、心をやられてしまう人も多いのです。

私も歯が痛すぎて、「頭に菌が回ったらどないしょう」って不安になったり、なぜか処方してもらえたピルを飲んだら、蕁麻疹《じんましん》がイッキに出たことがありました。しかも2カ月も治りませんでした。

「ああついにヘンな病気にかかってもうた……。もう終わりやな」って、自分で心にピリオド打ちましたもんね。蕁麻疹は、ピルをやめたら半年かかってようやく治りましたけど、そのあいだはずーっと不安で心が折れまくってましたよ。

飲んだフリをしてため込んだ処方薬でアレを

男子刑務所では「風邪でも腹痛でもアスピリンしか処方されない」という噂もありますが、女子刑務所はもう少しマシですし、最近は男子も心臓や肝臓疾患など持病の薬も処方されるようになってきたと聞いています。とはいえ不十分でしょうけどね。

風邪を引くとお風呂に入れないのもツラかったですね。風邪薬の中には、わざと発熱させて汗をかかせる成分が入ってるのもありますから、お風呂に入ったら、さらに熱が出てしまうこともあるからです。

だから治るまでのあいだは入浴も禁止になります。当たり前なんでしょうけど、これには困りました。とくに夏場は同じ舎房の人にも迷惑かけることになりますしね。

そこで、私はちょっと治ってくると薬をとめてもらって、お風呂のほうを選んでました。だって部屋で「ヨゴレ」とか言われるのんイヤですもん。

そして、もうひとつ薬の思い出は、薬の「ため飲み」です。

精神安定剤や便秘薬をためておいてイッキに飲むんです。悪知恵の働くコたちが安定剤をため込んでブッ飛んだり、ダイエットのために便秘薬を大量に飲んでいました。

塀の中で薬を飲むときは、薬をため込まないように1回ぶんずつ渡され、刑務官の前で飲まなくてはなりません。

まず口を開けて口の中に何もないことを確認してから薬を入れ、舌に乗せてまた確認してもらってから、薬と水を口の中に入れます。

水と一緒に飲んでから、口の中をまた見せて、飲んだあとは「ら・り・る・れ・ろ」って担当の前で言って、口の中に残してないかを再び確認されます。

とはいえ私はプロだったので、飲み込まずにうまいこととしてみんなに薬を回していました（笑）。

そういうこともやろうと思えばできるんです。私は、塀の中でも「薬屋さん」でした……。シャレになってないですね。

塀の中は運動があまりできないし、食事はごはんが多いので、みんな痩せたがっていました。

塀の中でも女は女なんですよ。私はダイエットはやってませんけどね（笑）。

異常に高い女性刑務官の離職率

突然ですが、いつまで経っても景気がよくなりませんね。

正社員じゃない人が増えて、ボーナスも出ないので、車や家がローンで買えないのだそうです。みんながいろんなものを買わへんと経済がよくなりませんよね。早く景気がよくなって、うちのラウンジにもたくさんのお客さんが来てくれはったらええのに（笑）。

そんな中でも、「超安定の公務員」であるはずの刑務官は、じつは人気がないのだそうです。

とくに女性の刑務官は、採用から3年未満でナント4割が辞めてしまい、離職率は男性刑務官の3倍近いのだそうです。ごっつい辞めっぷりですね。ボーナスも退職金も年金も出るのにもったいない。私やったら絶対に辞めへんのに。

もし刑務官になれたら「掴《つか》んだら放すな、退職金！」とか言いながら、気合い入れてビシビシと仕事してると思います。もちろん私らみたいな人間には、刑務官なんかならしてくれへんのですけど、あの仕事は育ちのいいお嬢さまには難しいですよ。

刑務官のお仕事は、絶対に懲役経験者のほうが向いてると思います。チョーエキの手の内もわかってますしね。

それは冗談としても、なんでこんなに辞めてまうんでしょうね。

まずは経験不足ですよね。ちゃんと学校に行って公務員試験に受かる人なんか、人殺しはもちろんポン中すらも見たことがないでしょう。いきなり犯罪者の前に立ったら、どうしていいかわからへんですよね。めっちゃビビるか、逆に妙に威張りちらすか、どっちかですやん。どっちにしろチョーエキからはバカにされます。

これは、刑務官だけでなく、警察官も同じですよね。だってこないだまで学生だった人が拳銃を持てるんですよ。「勘違いすんなや」って言うほうがムリです。

それに、裁判官や検察官も、ずっとエリートでやってきて、話をしたこともない人に「死刑」って言うんですから、言われるほうはたまらんでしょう。

就任の前に、もっともっといろんなことを体験して痛い目にあって、自分の心を鍛えなこの仕事では生きていかれへんなぁって思います。

ちゃんちゃらおかしい正義感や優越感、あとは制服への憧れなんかでは成り立たへん仕事ですね。

刑務官を目指してる人は、ホームレスの炊き出しとか「濃いめ」のボランティアでもやって、心を鍛えたほうがいいですよ。まあそれでも厳しい世界でしょうけどね。

まずは、どの受刑者も、罪名がなければ「普通の血の通った人間」というのはわかってほしいですね。ひとりの人間として扱ってくれたら、きっと刑務官の仕事に誇りを持てると思います。

「『ひとりの人間』とは図々しい。アホ言うな。犯罪者なんか、まともに扱えるかいな」と思う方はまずムリですよ。

偉そうに言うてごめんなさい。犯罪は多くしてきたんですけど、そのぶんたくさんの「先生」を見てきてからの感想なので、どうかお許しください。

もちろん刑務官といってもいろんな方がいて、いい方もいらっしゃいました。

私も服役中に心から惚《ほ》れて、「この先生のためならがんばろう」って思えた刑務官もいてはりましたし。どの業界も、結局は「人格」ですよね。人情味のある方がいちばんです。

さて、ニュースを見ていたら、刑務官が早く辞める理由は「産休や育休が取りにくい」とか、「受刑者への対応の難しさ」と言ってました。

そういうのもないとは言わへんけど、辞めるいちばんの理由は別にあります。

刑務官同士のいじめですよ。

だって、すごかったですもん。

刑務官の中にはボス的な存在の人が何人かいて、それぞれ「派閥」を作っています。ええことではないけど、「舎」を組むのは、不良でも刑務官でも同じなのです。

それだけならまだしも、それぞれの派閥にかわいがられているチョーエキたちがいるんです。私たちも立場上、どこかの派閥に属さないとアカン雰囲気なんですね。かわいがってくれる先生の派閥に入るんです。せやから刑務官同士の勢力争いが受刑者のプレッシャ

✤オヤツぬき

昔
母親
アンタまたケンカしたんか！
うえ〜ん
そういう悪い子には
母親
オヤツぬき！
ヤダヤダヤダ
おやつほしい〜
今
アンタまたケンカしたんか！
オヤツぬき！
ヤダ〜
おやつほしい〜
子供かよ…

ーになっていました。とくに「敵対派閥」の刑務官が当直の日は大変でした。自分の嫌いな刑務官の派閥にいるチョーエキをいじめたいんです。

たとえば誰かとちょっと顔を合わせただけでも、「いま、○○に目で合図したやろ?」とか、どうでもいいことをチェックされます。でも、先生が間違っててもヘタに「先生、それちゃいますやん?」なんて口答えしようものなら、大変です。

「担当抗弁!」とか叫ばれて、ほかの刑務官も走ってきます。

そして、こういう「注意処分」を受けると、翌朝の業務の引き継ぎのときに自分をかわいがってくれている刑務官が叱られてしまうんです。せやからかなりピリピリしていました。

この注意処分を受けてしまうと、チョーエキのランクがあがる「進級」が遅くなり、集会で配られるお菓子をもらえなくなります。チョーエキのいちばんの楽しみは食べることで、中でもお菓子は特別です。

こんなバカバカしい派閥争いのおかげで、私も何度お菓子を食べ損ねたことか……。数えるとキリがないです。いま思い出してもガックリきます。

ホンマ低レベルな話で、いい迷惑でしたが、こういうのになじめない新人の刑務官はよくいじめられていました。腹を割って話してくれる先生には自分も情が移ってしまって、鉄格子を挟んで本気で話してきました。

「先生はこの仕事、向いてないんちゃう?」と何度か話したこともあります。「保母さんとかのが向いてるわ。先生は性格がよすぎるから、早く結婚してこんなとこ辞めてまい」と言うと、「そうやなあ」って考え込んでましたね。で、しばらくしたら辞めてるんです。こんなでは、いくらお休みを取りやすくしてもアカンですよ。

「お礼参り」は高くつく

最近は仮出所者より満期出所者のほうが多いそうですね。

仮出所とは、「懲役○年」という刑期が終わる前に釈放されることですが、早めに釈放されても行くところがない人が増えているのだそうです。

以前は仮出所が認められないのはヤクザくらいで、ほとんどのチョーエキは仮出所の日を心待ちにしていたものです。でも、いまは満期まできっちりいて、出てもすぐになんかやらかしてムショに逆戻り……なんて人もめずらしくないんですね。とくにお年寄りに多いそうです。

私がチョーエキやったころは、私を含めて早く出所したい人のほうが多かったので、時代は変わったなあと思います。

私も、出所の日が近づくと、「出所後にすること」ばかりを考えていました。たいていは、食べたかったものをいっぱい食べたり、広いお風呂屋さんに行ったりしますね。私も出所後はとにかく食べまくりました。あとは、ずっとエッチしていない「懲役処女」ですから、エッチも楽しみでしたね。

そして、家電の進化などシャバに慣れようとがんばるうちに、「アレ」はサッパリ忘れます。

そう、刑務官への恨みです。

刑務官もいろいろで、親身になってくれる中堅さんはすぐに辞めはって、イヤキチ（イジワル）する局《つぼね》みたいのはいつまでもいてます。社会の縮図ですね。

せやから、えこひいきや冤罪は当たり前で、自分のかわいがっているチョーエキ以外にはめちゃくちゃしてきます。

たとえば刑務作業中など別に笑ってなんかいないのに「何を笑ってる！」と怒鳴り、「笑ってません」などと言おうものなら「担当抗弁」をしたとして「懲罰」の対象にされます。何回か説明しましたが、懲罰とは「独居房行き」で、仮釈放の審査でもマイナスになります。運動会などの行事も出られません。食べ物や文具など私物のやりとり、刑務作業中や就寝後のおしゃべり（「不正交談」）なんかも懲罰の対象ですね。

嫌いなチョーエキに対して、なんだかんだと言いがかりをつけて、「懲罰！」と言って来るんです。

こういう刑務官によるイヤガラセは、男子刑務所のほうがひどいようです。

２００８年には、宮崎刑務所でチョーエキを懲らしめようと、夏なのに床暖房をつけていたっちゅうのがありました。このチョーエキは国を相手に損害賠償請求の裁判を起こして大問題になり、処遇部長は自殺しています。裁判も刑務所側が負けていました。

さすがに、ここまではなかなかないですが、獄中《なか》にいてるときは、理不尽なことをする刑務官に「あいつ、出たらタダでは済まさへん」とか恨みまくるのは、しょっちゅうです。

でも、やっぱり出れば生活に追われますからね。女子はとくにサッパリしてると思います。

だから、出るときに「覚えとれ！」とか言い捨てることはあっても、いわゆる「お礼参り」をすることはほとんどありません。「あんなヤツのためにムショに逆戻りしたない」のが主な理由と思います。

仕返しの内容にもよりますが、「お礼参りは高くつく」というのがチョーエキの常識です。普通に考えても、初犯よりも前科があると刑も重くなりますし、動機もかぎりなく身勝手な「私怨」ですから、裁判所も同情はしてくれません。

まあ、それでも仕返しする人はいてます。

私の知り合いの知り合いは、出所後に刑務官の自宅を突き止めて郵便受けに生きたマムシを入れたそうですし、刑務官の子どもをさらって背中に刺青で「鬼の子」と彫った不良もいてました。

あとは刑務官ではないですが、通報した被害者の女性を恨んで、出所直後にこの女性を殺した事件もありましたね。もともとはレイプした女性をさらに恐喝していたそうで、逆恨みもいいところです。この男は死刑になっていますが、当たり前ですよね。

獄中《なか》での生活がいくらツラくても、仕返しなんかしたら、自分がつまんないですよ。

ムショの老人ホーム化

私が初めて逮捕された1994年ごろは、全国的に拘置所や刑務所の定員オーバーが問題でした。とくに男子の施設はひどく、定員6人の雑居房に8人とか、「独居」房なのに「2人」とか意味わかんない感じでした。

女子はそこまでひどくはないですが、それでもずいぶん多かったのを覚えています。

いまは少子化もあって犯罪の件数自体が減っているので、定員オーバーはだいぶ解消されているそうです。もともとの人数が少なければ犯罪も減りますからね。一方で女子の受刑者は増加気味で、そのほとんどが、高齢で行く場所がなく万引きなどをくり返している人か、覚醒剤事犯だそうです。……私もでしたが。

なので、いまのムショは年寄りばっかりで、ほとんど「老人ホーム状態」だそうです。

これはこれで大変ですが、日本だけではなくアメリカやヨーロッパも同じ状況らしいです。

最後の居場所としてのムショ

私が務めた和歌山や岩国の女子刑務所は、体が不自由な方も一緒に作業していました。作業ができるということは、障害も軽めってことなんでしょうが、障害のある人たちは、夜は独居房でしたね。起床時の布団上げから洗濯や掃除、食器洗いなどはスピードが勝負の「戦場」モードですから、障害があると「足手まとい」とされて、いじめにあってしまうからです。

そして、封筒づくりなど簡単な作業をする「モタ工《こう》」に配属となります。ムショは、障害があって働けない人の最後の居場所でもあるんです。

そういえば、生活保護をもらえなくて山口県の下関《しものせき》駅に火をつけて逮捕《パク》られたおじいさんが２０１６年夏に84歳で出所したと報道されていました。なんと放火の前科が10件だそうです。知的障害があって、「行くところがなくて火をつける→ムショ」のくり返しで人生の半分以上を獄中で過ごされたとか。その後は牧師さんが面倒を見ておられるそうで、よかったです。

あの「バブルの女帝」を介護

堀江貴文さんや鈴木宗男さんがムショで介護をしてたって書きましたが、高齢や障害のあるチョーエキの世話をするのは、チョーエキの中でも「格上」です。私もけっこう騒動を起こして懲罰を受けてはいましたが、舎房での介護を担当したこともあります（ちょっと自慢）。

その中のひとりが、「バブルの女帝」こと尾上縫《おのうえぬい》さんでした。若い人はご存じないでしょうが、大阪・ミナミにあった料亭「恵川《えがわ》」のおかみさんで、バブルで大儲けしたあとに詐欺で逮捕されました。

80年代不動産バブルもいまは昔となりましたが、当時の縫さんは料亭や雀荘の経営のかたわら株で稼ぎ、「北浜の天才相場師」と言われてました。

占いで株の値動きを予想して、「NTT株が上がるぞよー！」と言うとホンマに上がったとかで、銀行関係者など「信者」もたくさんおられたそうです。いま思えば民営化直後だった当時のNTTの株が上がるのは当たり前のような気がしますけどね（笑）。

その後、バブルが崩壊し、縫さんは「銀行を騙した」として、まさかの「巨額詐欺事件」に発展します。

当時は毎日、縫さんのことが報道されていて、銀行からの借り入れは約2兆8000億円だったそうですが、いくらバブル期とはいえ、普通は「料亭のおかみさん」にそんなに貸しますかねえ。

縫さんが悪くないとは言いませんが、やっぱり銀行が悪いと思います。ネット情報によりますと、縫さんが獄中で破産手続きをされたときは、負債総額4300億円で、個人としては史上最高額だそうです。

そして、「懲役12年」の判決が確定したのはなんと21世紀になってからの2003年4月でした。けっこう最近ですよね。

いかんせん被害額がハンパないので、調べることもようけあったからでしょうが、縫さんは1930年生まれですから当時もう73歳。そこから12年って、ため息が出ます。私が和歌山刑務所でお世話をさせていただいたころは、ちょっとボケてましたが、おむつをするほどではなく、私は洗濯や布団のあげおろしなどを手伝い、新聞や図書を取りに行ったりしてあげていました。

別にヤなことはなかったのに、「アンタ、今日はアカンかったな」とか、「女の子を産んで名前を『オサム』にしたらええ」とかいろんなことを言われて、聞いていて楽しかったです。

ずっと介護で一緒だったこともあり、私は縫さんが好きでした。「養女においで」とも言われたこともあります。なっておけば、遺産をもらえたんでしょうかね（笑）。

縫さんは、元気なころには夜になると神様に拝んでおられました。

そして、私の肩をたたいて「ミーサンが降りてきはったで。ちゃんと守ってもらうように言うたから安心しいや」と言ってくれました。

ミーサンとは、「巳さん」と書き、関西ではメジャーな蛇の神様です。「三輪《みわ》そうめん」で有名な奈良の大神《おおみわ》神社などに祀《まつ》られています。

縫さんは初犯なので仮釈放され、ひっそりと出所されて14年ごろに亡くならはったそうです。亡くなる前にお会いしたかったですね。

合掌。

獄中のタブーは自殺と脱走

テレビドラマ『監獄のお姫さま』の話をしましたが、なんか最近、それ以外にも女子刑務所が舞台のドラマ、けっこう多いんですね。

ムショ、注目されてるやん（笑）って私は見る時間があまりないんですが……。

これまでの女子刑務所モノは、泉《いずみ》ピン子さんが主演のドラマ『女子刑務所東三号棟』（TBS系）かポルノくらいで、ほとんどは男子刑務所が舞台ですよね。やっぱりリアルにおもろくするのって難しいんでしょう。私に相談してくれはったらええのに、といつも思います。

２０１７年4月～6月に放送された剛力彩芽《ごうりきあやめ》さん主演『女囚セブン』（テレビ朝日系）は、隠蔽体質や冤罪、房内のいじめとか「刑務所的に」イヤなお話が多そうですね。それに受刑者が美人ぞろい。あれはないやろ（笑）。

だって、1回目の放送はいきなり「脱走」で、しかも脱走犯を「新入り」（のチョーエキ）が保護していました。これはもう絶対ムリです。

脱走と自殺は、ムショが最も恐れることとなんです。ドラマですから、多少はリアルでないところがあってもいいかとは思うのですが、脱走は「受刑者がみんな美人」という以上にありえへんです。

そもそも日本の刑務所はほとんど脱走はないですよね。和歌山刑務所では、だいぶ前に炊場《すいじょう》さんが逃亡してマンホールの下で見つかるって事件がありましたけど、そのくらいです。「塀の外」に出るのは、ムリなんです。

まあ自殺はけっこうあるんですが（苦笑）、日本は世界でも脱走が少ないことで有名です。脱走の名人で『破獄』（吉村昭《よしむらあきら》著・岩波書店刊）のモデルの白鳥由栄《しらとりよしえ》は昭和前半の人ですが、そのくらいしかいてませんよね。

大震災でも受刑者が脱走しない理由

日本人は、DNA的に「神妙にお縄をちょうだいする」タイプが多いと聞いていますが、ホンマかどうかはさておき、過去の脱走騒ぎも外国人が目立ちます。

たとえば広島刑務所（2012年）は中国人、東京拘置所（1996年）はイラン人でした。

このときはイラン人が7人も逃げて、最後の1人が捕まるまで9カ月くらいかかっていますが、ほかの6人はすぐ捕まったとネットに出てました。

女性は男性よりも計算高いので、リスクを冒してまで脱走は考えないのだと思います。まあ本当に計算高ければ、ムショに行くようなことはしないハズですけどね。

とはいえ私も脱走したいなって思ったことはありますよ。

「あと何年ここにいなきゃダメなんかなあ」って考えだしたら、アレコレと考えましたよ、トンズラする方法を（笑）。

でも、脱走してからのことを考えたら「さっさと務めて帰るほうがラクだな」と思ったので、実行には及びませんでしたけど。

仮に逃亡できたとしても、それからずっと警察の追及に怯えながら暮らさなくてはならないですからね。一生、堂々と生きられないくらいなら、ロングな懲役もきちんと務めあげて、「晴れて堂々と生きる前科者」でいるほうが賢いとバカなりに考えた結果なのです。

ちなみに東日本大震災のときには、少年刑務所で脱走があったようです。着替えもできずにすぐに戻ってきたそうですが。

震災のときは、福島の女子刑務所も含めて建物はほとんど無事だったと聞いていますが、仙台にある宮城刑務所は5キロも離れていない海岸にたくさんの御遺体が上がったとニュースで見ました。お気の毒ですね。

そういえば、東北の某刑務所長は、慰問にやってきた噺家《はなしか》さんに「ウチのチョーエキはみんないい人ですから、脱走はありませんでした」と言ったとか（笑）。意味わからんですが、おもろいですね。

個人的には、脱走なんかしないでおとなしく務めて早くシャバに復帰することをオススメします。

事なかれ主義の施設

そうは言うても、ムショや拘置所での自殺がたまにニュースになります。

施設にとって、自殺と脱走は「絶対にあってはならないもの」なのですが、これは何も「受刑者の人権」や「施設の近くの住民の皆さんへの迷惑」なんかを考えているわけではなく、幹部連中の「事故を起こしたら出世できない」という出世欲と、「事なかれ主義」だけでしょうけどね。

そして、ホンマに死んでしまうことはあまりないのですが、自殺未遂騒動はけっこうあります。だいたいは首吊りですね。

施設側も、自殺防止のために「タオルは入浴時」だけとか（房内ではハンカチサイズのみ）、警察に逮捕された時点で私服のパーカーやジャージのヒモ、ネクタイ・ベルトなどは禁止とか、いろいろと規制しているのですが、それでもトレーナーの袖や靴下を首に巻いたり、ティッシュをのどに詰めたりと、いろいろ工夫（？）して、死のうとする人があとを絶ちません。

留置場で一緒の房になったコは、夫を殺したことで精神不安定になり、自殺の恐れがあるため「24時間対面管理」になっていました。24時間対面って、房が一緒の私はどーなるの……って思ってました（笑）。

あと、私が獄中《なか》にいたとき、工場から針を持ち出して飲み込んだ人がいてました。工場では針やハサミなどの備品がなくなると、見つかるまで探し続けなくてはならず、持ち出せるわけがありません。一体、どうやって持ってきたのでしょうか。ごっついなあと思いました。

ほかにも、処方される薬を飲まずにためておいて一気に飲む方法や、便器に顔を突っ込むとかもありますが、どれもラクには死ねない方法ばっかりですね。

なんでそこまでして……と思われるでしょうが、塀の中には「人権」がまったくないんです。刑務官からも同房者からもいじめられてすべてがイヤになります。

それに、刑務作業のほかは食事とか入浴とかだけですから、とにかくヒマなんです。シャバならすぐに話し合って解決できるような問題も、相手が別の房にいる場合などは、いろんな人に伝わっていくうちに全然違う話になってしまいます。それで「そんなこと、聞いてへんわ」となって、またまたモメてしまうんですね。

私もそうでしたが、ほかに考えることもないので、工場で作業するときも含めて一日中このモメごとのことばかり考えてしまいます。こんなことでは、更生なんてほど遠いですよね。

モメごとについてでも考えられるうちはいいのですが、しょうもない規則ばっかりですし、とにかく屈辱的なことばかりなので、マジで死にたくなりますよ。

私も最初に収容されたときは、死にたいと思いました。

いじめや処遇だけやなくて、自分自身について「家族や友だちに迷惑をかけてしまった」とか、「これからどうしよう?」とかいろいろ考えてしまうのです。

ホンマにムショは行くところやないですね。

角田美代子の自殺はアヤシイ？

私も経験者として「死にたくなる人」の気持ちもわからないでもないですが、中には自殺かどうかわからんという人もいてますよね。

たとえば尼崎《あまがさき》事件（2012年）の角田美代子▼注1はどうでしょうか。留置場の3人部屋で寝ていて、ほかの2人が気づかないはずはないと思います。だって長袖Tシャツの袖を自分で首に巻いたらかなり苦しいですよ。でも、2人はまったく気づかず、刑務官が発見したときにはもう遅かったそうです。まあ角田は以前から「死にたい」とか言って、睡眠導入剤がないと眠れなかったそうですけどね。

あとは2008年にアメリカで亡くなった「ロス疑惑」の三浦和義▼注2も他殺説がありましたね。「三浦に命令された」と話した実行犯が証言を撤回したために、三浦を有罪にするのが難しくなって、損害賠償請求の恐れが出たから……とかネットの噂に出ていましたね。

生前の三浦を取材していた知り合いのライターさんによると、「とにかく明るくて、自殺するタイプではない」そうですしね。

ちなみに三浦は和歌山カレー事件の林眞須美[注3]の支援もしてましたが、その林も拘置所で釘や針金を飲み込む騒動（2000年）を起こしています。これは死ぬつもりではなく騒動を起こして房を替えてほしかっただけとの話もありましたが、実際はどうなんでしょうね。

獄中《なか》にいてると、いろいろ不安定になりますから、そういうこともあるかなとは思いますが、刑務官は生きた心地がしなかったでしょうね。

いずれにしろ獄中はイヤな事件ばかりです。

南無阿弥陀仏《なむあみだぶつ》。

注1▼【角田美代子―すみだ・みよこ】
2012年に発覚した「尼崎事件」の主犯格。尼崎事件では、監禁や虐待、暴行などで計8人が死亡し、角田の親族なども含め10人が逮捕された。死亡が確認された8人以外に行方不明者もおり、日本史上でも稀にみる大量殺人事件として知られている。角田は、ささいなきっかけから親族や知人の家族を脅して、家に乗り込み、財産を没収。さらには監禁して洗脳させ、家族同士で暴力をふるわせた。2012年12月兵庫県警の留置場で自殺を図り、死亡した。

注2▼【三浦和義―みうら・かずよし】

1981年、ロサンゼルスで何者かに妻を銃撃させ、その後死亡保険金を騙し取ったとして、逮捕・起訴された元実業家。証拠が不十分なことなどから、東京高裁で逆転無罪となった。最高裁も検察の上告を棄却し、事件から20年以上経過した2003年、無罪が確定した。その後、銃撃事件以前に、知人女性に妻を襲わせていた殺人未遂の罪で起訴され、1998年懲役6年の実刑が確定。未決勾留日数を除いて約2年服役し、2001年に出所した。しかし、2008年2月、サイパン旅行に行った際、1981年の事件における殺人と共謀の罪で逮捕された。同年10月ロス市警本部の留置場で首吊り自殺を図り、死亡した。

注3▼【林眞須美―はやし・ますみ】

1998年、和歌山県園部の夏まつりでふるまわれたカレーにヒ素が混入、4人が死亡、63人がヒ素中毒となった「和歌山カレー毒物混入事件」における殺人の罪で逮捕・起訴された。林は事件当初から全面否認していたが、2009年最高裁にて死刑が確定した。明確な証拠がなく、動機も不明なことから、冤罪だと言う声も多い。林の弁護団は、現場で見つかったヒ素と林宅にあったヒ素は同一のものではなかったとして、再審請求を行ったが、2017年3月、和歌山地裁は再審開始を認めない決定を下した。同年4月同弁護団は大阪高裁に即時抗告した。

第6章 私が刑務所に行くまで

PRISON LIFE

シャブに手を染めるまで

私は1972年に大阪の堺市《さかい》で生まれました。

父と母は私が幼いころに離婚して、私は母に引き取られましたが、父ともたまに会っていました。小柄な私はスポーツはなんでも得意で、とくに器械体操は得意でした。トランポリンで遊んでいたら、上手にできたので、学校の先生から「器械体操をやったらええ」と言われたのがきっかけです。さすがにいまはムリですが、マットでトンボ返りやバク転もできたんですよ。勉強もまあまあできたほうで、学校の先生を目指していました。

当時は知りませんでしたが、父は経営していた会社がアカンようになっても器械体操の教室と家庭教師のお金は出してくれていました。いま思えばけっこうしんどかったでしょうね。そやから「離婚家庭」ではありますが、愛情たっぷりに育ちました。

でも、周囲に不良が多かったせいか、いつのまにか学校の先生の夢は消えて、10代からラウンジなどの夜のバイトをはじめています。いままでの人生で17歳から18歳くらいがいちばんかわいくて稼いでいました。景気もよかったですしね。

美容師の専門学校に行ったのですが、中退して18歳で出産しています。その後21歳までに3人の男の子を授かりました。子どもたちは母にあずけて、キャバ嬢としてブイブイ言わせていましたね。

突然、精神病院へ

「お前、シャブいっとんのと違うか?」

そんなふうに過ごしていたある日、兄から聞かれました。もちろんビンゴです。でも自分からは絶対にウタえ(白状でき)ません。

「いってない」

「ウソ言え!」

「いってない……」

でも、兄はちゃんとわかっていました。

それから何日かして、私は兄の後輩たちに拉致されて、精神病院に連れていかれたのです。

そのときの光景ときたら、ヘタなアクション映画なんかより全然すごかったですね。急に「屈強」としか表現しようのないあんちゃんたちが5、6人やってきて、私を抱えて無理やり車に乗せようとしたのです。

「ちょ、なんやねん！　やめんかい！　コラッ」

私は小柄なので、いくら抵抗してもムダです。布団で簀《す》巻《ま》きにされて、ハイエースの後部座席に無理やり押し込められました。暴れたせいで車のガラスが割れましたが、おかまいなし。

まったく面識のない人たちだったので、私はわけがわからず、「シャブの件でなんかやらかしたかなあ？　これから輪《ま》姦《わ》されて殺されるんやな……。山（に埋められるの）かな？　海（に沈められるの）かな？」などと本気で考えていました。

「間違いありません、妹さんやと思います」

（……妹？）

誰かが兄に電話をしているようです。兄の関係者であれば、輪姦されることも殺されることもないでしょう。ちょっとほっとしましたが、状況はまったく変わりません。ごっつい男たちに囲まれて、私は車の中。なんやの、これは……。

そうこうしているうちに精神病院に着き、私はそのまま帰宅できなくなりました。

ようやく帰れたのは、3カ月後です。

ここで私は、いまも問題になっている睡眠導入剤を毎日大量に投与され、廃人寸前になりました。

でも、面会に来てくれた父も、お医者さんを信じ切っていて、私の言うことを信じてくれません。ろれつが回らないのは眠剤のせいなのに、私の「病気」だと言うのです。

「このままやったら、ホンマにアカンわ……」

私は、こっそり眠剤を飲むのをやめました。自分で正常に戻したのです。そして、伯母に助けてもらい、脱出しました。伯母はそのあと兄たちにめっちゃ叱られたそうですが。

男にボケて、再び覚醒剤に

でも、私はそのあとにまた覚醒剤を使って、逮捕されることになります。

当時の私は、20歳を少し過ぎていましたが、小さなラウンジを2つ経営し、若いながらもビジネスに成功していました。2度結婚し、3人の子どもも授かっています。

そんなときに恋をして、離婚。そして彼氏とも別れました。

男にボケまくって、心身ともにボロボロです。死にたいとさえ思いました。

彼に会いたい……。

毎日、そればかりを考えていました。

そうして、また覚醒剤に手を出してしまいました。もう何もかもイヤになったのです。

お酒を飲んでも失恋のショックは消えないのですが、覚醒剤を使うと、イヤなことはすべて忘れました。

もちろん、それは最初だけです。

すぐに効かなくなり、使う量だけは増えていきます。

多幸感は薄れ、むしろ使わないと体がしんどいので、打ち続けるようになっていきました。

使うと3日くらい寝ないでセックスしたりもできるんですが、そのあと2日くらいダウンして寝込んでしまいます。それで、起きるためにまた使うんですね。

このくらいになると幻覚もあります。たくさんの小さな虫に襲われる幻視は覚醒剤中毒者にありがちなんですが、ほかにも電柱やマッチ棒が人に見えるんです。つねに誰かに見張られているような感じですね。

「マッチ棒」の妖精みたいのは、10代のころにシンナーを吸ってラリったときにも見えていました。いつの間にか家族が増えていて、子連れで「僕だよ～」って言うんです。まずいですよね。

あとは、警察官に追われる妄想にも悩まされ、「見えないもの」と日々戦っていました。

そして、覚醒剤を買うにもお金がいるので、私が密売《バイ》をはじめるまでに時間はかかりませんでした。

悪い友だちばかりで、覚醒剤中毒者も多く、自分の下で働く「売り子」も増えて、偽名の「隠し通帳」には7ケタの数字が毎日何度も動くほどになりました。

友だちにもお金も困らないので、罪悪感は消えていました。むしろ「どうせいつかは捕まるんだから、いまのうちに稼いで遊んどこう」と思うようになっていたのです。

初逮捕は偽造ナンバープレートがきっかけ

初めての逮捕は、車の偽造ナンバープレートを作っていたときです。当時の彼氏に言われるままプレートを作っていたのですが、なんの疑問もありませんでした。

でも、売った相手が、私に払うお金に困って警察にタレこみ、私はたまたま持っていた覚醒剤を見つけられたのです。このときは初めての逮捕だったので、懲役2年6月の刑に対して4年の執行猶予がつきました。

この逮捕で拘留中に覚醒剤の禁断症状を経験したのですが、いやあ苦しかったですね。

クスリが抜けていく中で、体がしびれて動かなくなり、殺される夢や追われる夢ばかり見て、うなされる夜が続きました。

トイレに覚醒剤80グラムを流す

それでも私は覚醒剤を断てませんでした。

次の逮捕は、執行猶予の確定から半年後でした。その日は鳥取県に覚醒剤を渡しに行ったのですが、取引が翌日になってしまい、とりあえずホテルに泊まることにしたんです。

夜中になって、ホテルの部屋のドアがガチャガチャと鳴り、「動くな!!」という声とともに刑事たちが大勢で突入してきました。私服で、たぶんマル暴だったと思います。

「アカンもん出さんかい!!」

大声で怒鳴りながら、私のツレの男をベッドの上で全裸にし、四つん這いにさせました。

テーブルには私の下着と、翌日の取引に使う80グラムの覚醒剤が入った袋が置いてあります。

とっさに私は自分で全裸になりました。

「私も検身すんやろ?」

女の武器ですね。ずいずいと刑事たちに迫ると、目のやり場に困って、さすがに焦っていました。

「わ、わかった、もうええから服着てくれ」

「俺らが怒られてしまう」

「頼むから早よ服着て……」

などと懇願してきました。

私は怒りながらテーブルの上にあった下着を取ると同時に覚醒剤の袋を持ってトイレに行き、トイレに流しました。

この80グラムが見つかっていたら刑期は相当長かったと思いますが、見つかったのは自分用の微量の覚醒剤だけで、あとは前回の判決をプラスして合計4年6月の刑を山口県の岩国刑務所で務めることになりました。

このときは逮捕されたのが鳥取だったので、その近くの岩国刑務所になったのです。

パトカーとカーチェイス

それでは懲りずに、そのあとも和歌山刑務所に2回務めることになりました。

3回目の逮捕では、ハデに滋賀県警のヘリコプターとパトカーとのカーチェイスも経験しています。

岩国を出所後、私はまたすぐに密売《バイ》をはじめていました。

ある日、岐阜県まで100グラムの覚醒剤の塊をいくつか運ぶことになっていたのですが、乗っていた車につけていた盗難車のナンバープレートが滋賀県警のNシステムに引っかかってしまったんです。

それで、ヘリコプターも出動して追っかけられました。逃げながらパトカーやガードレールに衝突したりして、車がクラッシュして走行不能になったときに御用となりました。これまた映画顔負けですね。

覚醒剤や注射器は、逃げているあいだに車窓から捨てていたのですが、しっかり撮影されていました。もちろん全部否認で通しましたけどね。

否認したので、ずっと接見（面会）は禁止でした。

それでも、初公判が終われば普通は接見もできるようになるのですが、このときはずっとさせてもらえないままでした。家族の面会や差し入れがないままで、裁判は14カ月もかかり、判決は懲役4年、未決通算はゼロでした。それもこれも滋賀県警に逆らった「祟り」

やと思います。

4回目の逮捕、そして……

もうこれで懲りたらええのに、私はまた逮捕されました。

友だちが万引きをしたときに一緒にいて、車のトランクを開けられてしまったんです。私にしたら万引きなんかより、ベンツに積んであった「商売セット」のほうが大変でした。覚醒剤80グラム、ほかにヘロインやコカイン、そしてMDMAが200個、注射器も約100本、あとは秤《はかり》やら、「お客さん」の電話番号を登録してある携帯電話……。全部見つかってしまいました。

でも、お客さんは逮捕されず、「営利目的所持」と「使用・自己所持」で起訴されたので、求刑5年・懲役4年の判決を言い渡されました。思っていたよりもかなり安くて驚きました。

そして、私は猛烈に反省して、生まれ変わる決意をしました。

こんな私を待っていてくれた彼氏や家族に大変な迷惑をかけてしまい、とても悲しくな

✤今度こそ……？

瑠美さん今日出所ね
おめでとう！
みんないままでありがとう
今度こそ社会復帰するよ！
さようなら！
またシャバで会おうな～！
なぁ…また戻ってきたりしないよな…
きっと大丈夫ですよ…信じましょ…
え…

ったんです。

「もう今回で全部やめたろう……。もう『ごちそうさま』や……」

薬物との関係に終止符を打つことにしました。

支えてくれた彼氏や家族に、いまでもとても感謝しています。

それにしても、私もよく生還できたものです。

ずっと心のどこかで、覚醒剤とは縁を切らなくては……と思ってはいたんです。でも、踏み切れませんでした。

更生に必要なのは「守るべきもの」

2018年のバレンタインのあとくらいに、ASKAさんが「不倫相手と別れていない」つまり「更生していないのでは？」との報道がありました。

直接の知り合いではないので、ホンマかどうかわかりませんし、これはちょっとかわいそうやなあと思いました。週刊誌の記事も「元不倫相手」がASKAさんの自宅兼事務所から出てきたって、それだけでしたしね。

たしかにASKAさんは謎すぎる「ギフハブ」やら「採尿したのは尿じゃなくてお茶だった」発言やらあって、正直「まだシャブいっとんのかいな？」と思わないでもないです（笑）。

でも、証拠もないのに「また『シャブ愛人』と不倫かい！」いうのはどうなんでしょう。そもそも離婚してますから、もう不倫と違いますしね。

更生には、「守るべきもの」が必要です。ASKAさんと元カノさんがお互いを必要としてれば、それでええのと違いますかね。

私が覚醒剤の地獄から生還できたのは、家族のおかげです。

両親も兄たちもとにかく「熱い」人でしたが、私は甘やかされて育ちました。私がなんかやらかしても、「自分で頭打つまで、やったらええわ。そうじゃないとお前はわからんヤツやから」と言って叱らないんです。でも、フォローはちゃんとしてくれました。

家族にはずいぶんと迷惑をかけてしまいましたね。

次男は事件を起こして少年院にも入りました。髪の毛をボーズにするとき、刑務官から「何か言いたいことあるか？」と聞かれ、次男は「ママに会いたい」と泣いていたと聞きました。それを知ったとき、ホンマにクスリはもうやめようと思いました。本当の更生まではには、それからまた時間がかかりましたけどね。

子どもはすぐに大きくなって、抱っこしてあげられる時期はほんのわずかです。その大事な時期に覚醒剤の事件でムショに行っていた私を子どもたちが慕ってくれている……。切なくて、自分をかなり責めました。

ＡＳＫＡさんも、守る人がいれば少しずつでも前へ進めると思います。私の場合は、母は障害があって働くのは難しいし、子どもたちも問題を起こしてしまい、「私がしっかりせな」と思ったのも更生につながったと思います。

おかげさまで、いまは2つのラウンジを経営して、私を「ポン中」とバカにしたヤツらよりもいい生活をしています。新車も自分で買いました。

まあ「我ながら、ホンマようやめられたなあ」っていうのが本当のところですね。神様に守っていただいてるんやなあと、しみじみ思います。

誰にも迷惑をかけない生活がいちばんですが、もし落ちても、がんばれば這い上がれるもんなんですよ。

「がんばってよかったね」と、いつも鏡の中の自分に向かって言うてます。

「1年後の自分」を想像してがんばる

そうは言っても、なかなか這い上がれないときって、ありますよね。私もそうでした。でも、ツラくても、ツラくても、「1年後の自分」を想像してがんばってください。「3年後」でも大丈夫です。がんばるしか、ないんですよ。そこに気づけたら、もう大丈夫です。

じつは、友だちにも何人かアルコールや過食の地獄を抜け出せないコがいてます。みんなそれぞれ仕事も成功して、家族もいてるのに、なぜかダメなんですね。悲しいことやツラいことは、生きていれば必ずあります。逃げないで向き合いましょうよ。

こないだアル中の友だちの家に行ったら、トイレの棚に自己啓発本がたくさん並んでました。「自分に勝つ」みたいなテーマですね。

「いまはアカンけど、自分なりに脱出したくて、がんばってるんやなあ」と思ったら、めっちゃ愛おしくなって、抱きしめてあげました。

私もだいぶ時間がかかりましたけど、いまは大丈夫です。
だから、みなさんも大丈夫と思います。

おかげさまで、いまの私は人生でいちばん充実した日々を送っています。
お昼過ぎに起きて家事をして、家族と食事をして、お風呂屋さんやネイルサロン、美容室に行き、またお店に出る。時にはお客様とゴルフも行きます。寝るのももったいないくらい、毎日が楽しいです。

おわりに

本書を手に取ってくださって、ありがとうございます。

2016年春、私は念願のラウンジを故郷の堺にオープンできました。いまはラーメン店をオープンさせるために準備をしているところです。

おかげさまで毎日がとても充実しています。

でも、戻れるものなら、覚醒剤を使う前の日の私に戻りたいです。

そして、絶対にシャブになんか手を出しません。

それだけ地獄を見てきました。

「なんで、シャブなんか打ったんやろ?」

自分のことやのに、ホンマにわかりません。

バカなことをしました。

好奇心は旺盛なので、ふざけて子どものころにシンナーを吸ったことはありましたが、シャブはそんなノリではありませんでした。

ずるずると深みにハマってしまい、20代と30代のいちばんきれいな時期を獄中で過ごすことになりました。

あの時間を取り戻せたら……。

いつもそう思います。

それはムリですから、せめて自分が経験したことを皆さんにお伝えしていきたいです。


でも、もしかすると、いままでの苦労はいまの自分になるために必要なことやったのかもしれません。

クスリや懲役でボロボロになったけど、ボロボロになったからこそ、いまの自分があって、幸せになれたのかなと思うんです。

そしていまは、もっとたくさんお店を出して、ムショ帰りの子の受け皿になれるように、日々がんばっています。

ムショまで落ちても、生きていればまた這い上がれます。

私ほど落ちた方はあんまりいらっしゃらないと思いますが、犯罪にかぎらず、日々いろんなこと、ありますよね。

負けないで生きていきましょう。

そう思って、この本を書きました。

形になったのは、みなさんのおかげです。

ありがとうございます。

中野瑠美

✤生きてれば大丈夫

本書のまとめ その1
覚醒剤は絶対やるな！
その2
刑務所は地獄！
その3 ムショまで落ちても
生きてればまた這い上がれる！
この本が少しでもみなさんのためになれたらうれしいです
最後まで読んでいただきありがとうございました

女子刑務所《じょしけいむしょ》ライフ!

2018年5月28日　第1刷発行

著者　中野瑠美《なかのるみ》
イラストレーション　ぷちめい
ブックデザイン　HOLON
本文DTP　松井和彌
企画協力　吉野縁
編集　佐野千恵美
発行人　永田和泉
発行所　株式会社イースト・プレス
〒101-0051
東京都千代田区神田神保町2-4-7 久月神田ビル
TEL: 03-5213-4700　FAX: 03-5213-4701
印刷所　中央精版印刷株式会社

ISBN978-4-7816-1668-1 C0095

イースト・プレスの人文・ノンフィクション
Twitter: @EastPress_Biz
Facebook: http://www.facebook.com/eastpress.biz